# 太陽系
# 行星意識

## 掌握占星奧祕，完滿人生課題

呂芯汝 Via ——著

# 目錄

**個人星盤查閱**

推薦序

# 閱讀自己就是一輩子最有趣的事情

Rita

接觸身心靈常常會聽到這句話：「每一個人都是自己宇宙的中心。」這句話並非是一個抽象概念的比喻，在占星的世界裡，還真的就是如此。

當我們的靈魂正式來到地球，意即出生的那一刻，太陽系中的所有行星正在天上，站在各自的位置上歡迎我們的到來。而這一刻行星們獨特的排列方式被繪製下來，就成為屬於我們個人獨特的星盤，也就是本命盤。這張本命盤如同每一個人出廠自帶的生命說明書，繪製起來的樣子就是一張圓盤，我們被標示在正中心，而行星們則分布在圓盤上。誠如Via在書中寫道：「我們並非只是地球人，而是太陽系人。」

我一直都很喜歡用這樣的角度來看待占星學。在從事靈性療癒工作以前，我曾經頗為抗拒占星或其他命理工具，總覺得如果命運早就被決定、安排好了，那豈不是非常無奈、無聊、無力？因緣際會開始踏上靈性旅程之後，我發現與其將占星做為預測運勢的工具，我會更同意運用這套系統，幫助自己與他人發覺更深刻、更潛藏於內在的自我，達到更深一層的自我整合。

雖然一個人的本命星盤不會改變，但是我認為命運不是絕對的。用占星的角度很能解釋這樣的邏輯，即每顆行星落在不同星座，就像每個演員在演出不同的劇本。劇本有一個大概，但演員還是可以有許多豐富層次的表現，甚至可能反過來改動劇本。再打個比方，如同上了牌桌拿的那一手牌，有人打爛一手好牌，也有人將劣勢變為機會，逆轉人生。每個行星都有不同的可能性可以發揮，有低階狀態，也有高階狀態。透過星盤了解自己的出廠初始值，了解自己的起點，能幫助一個人認知業力、清理舊帳，並學著療癒創傷，進而將行星發揮至高階能量，解鎖更高層次的人生境界。

所謂改寫命運，就是如此吧！

認識Via老師，我如同找到了知音，也在她的引領下，對占星有更深一層的感悟與感想。Via老師的占星溫暖且充滿療癒力，她從心靈的角度深度解釋每一顆行星在我們內在世界的意涵。每每閱讀她的文字，都好像在跟她本人進行一場深刻的心靈對話。讀過每一篇章的每一顆行星，都彷彿在一一幫我好好整理靈魂的碎片。

如果你是西洋占星的初學者，很推薦你閱讀此書做為教材，為學習理解占星打下良好的認知基礎。如果你是占星的老手，甚至是職業占星師、療癒師，那我更推薦你這本書，細細品味著Via的觀點，允許自己再更加往深處沉澱。

如果每個人都是一本書，那麼閱讀自己就是一輩子最有趣的事情。歡迎每個人學習占星的語言來閱讀自己各個不同的層次狀態，與你的靈魂意識更加對齊。

（本文作者爲Podcast靈魂相談室主持人）

推薦序

# 人生卡關時，往內看，向外走

白瑜

你有沒有問過自己，我想要的是什麼？你有沒有問過老天，為什麼讓你有如此遭遇？

想了解一個人很難，總是在不經意中陷入關係的糾葛，想了解自己更難，總是在夜深人靜時分無法自處、難以入眠。

遇到人生有關卡這種狀況，我的經驗就是，一定要有兩個方向的動作——往內看，往外走。

「往內看」就是感受自己的情緒，了解情緒背後的需求，再順藤摸瓜看看自己的個性。看看哪些要保留、能為你加分的，且不能被外界環境動搖，而哪些是會產生障礙，需要及時覺察、修正，不能被其阻礙。但，這裡有個悖論就是，如果我們一直用自己一貫的模式和價值觀去往內看，帶著舊有思維去反思，不是有盲點，就是有執著，通常看不透澈。

所以，這裡必須要有另外一個動作，就是「往外走」——去看書、去請教。透過更專業、更有經驗，或更有深度智慧的人，我們可以獲得專業的方法、經驗的精華、更高階的思維邏輯。

這本書就是帶領大家往外走，看看更廣闊的觀點的書。

把占星學系統化展開，從宇宙宏觀角度到個體發展角度，從命運宿命論到辯證永續發展，從自我多元剖析到水瓶時代群體共生蛻變，這本書充滿哲學性地，從不同價值觀切點切入，帶我們深入探究了生命的本質。

書中透過對占星學的基本知識介紹，在了解基本知識的同時，你會不知不覺也跟著擁有了宏觀、系統、縝密的邏輯思維。

看完這本書再回頭往內看，你可以更深入地認識自己，用更廣闊的思維認識這個世界。用對方法、把握時局，相信你可以更有信心地去面對生活中的各種挑戰。

沒有人是完美的，最完滿的人就是選擇負責和承擔。

占星學不只是知識，更是好用的工具，能夠協助你擺脫局限和困境。

如果你正在追尋某個答案，看完本書，相信能帶給你深入的啟發，帶領你找到屬於自己的蛻變之路。

因緣真的很美妙，先是方智出版的編輯玟秀寫信來邀約寫序，後是好友兼特助Zoe也來問我是否可以寫序。本來與呂芯汝Via老師素未謀面，這麼棒的因緣聚合在一起，完美體現了水瓶時代，志同道合、群體協作的「大我」底色。

祝福大家可以透過呂芯汝Via老師的帶領，看見自己內心蘊含的無限力量！

（本文作者爲占星老師）

推薦序

# 我們的出生，正被宇宙祝福

柯采岑

大概兩年多前，我找芯汝老師占過人生首次星盤，起因當時做瑜伽，我的瑜伽老師在按摩之際，脫口而出：「妳呀，有一個很巨蟹座的背喔！」

很巨蟹座的背，是什麼樣子呢，我想知道。

於是彼時只知道自己是太陽巨蟹座、上升處女座的我，打聽到芯汝老師名號，徐徐抖開了我的星盤。見自己出生，以錯綜複雜的軸線緊密交織，落點宮位，化作星盤，裡頭孕生一個可能許多的我。

以前沒想過要占星，最怕是什麼呢？怕走入一場自我驗證的寓言，如果一切早已寫在命運，那我們的降生還有什麼遊戲空間？

而那天占星經驗有點奇異，時值疫情期間，線上會議，老師提前要了生辰，繪成一張星盤地圖，劈頭先把占星概念輕盈舒展開來，四兩撥千斤，你說占星是什麼呢？乃是一種認識與理解自己的方法。

接著以核心CPU比喻太陽星座，月亮是情緒中樞，水星是人生參謀，細講南焦是我們的來處，北焦是今世的靈魂學習，我整整抄寫五大頁筆記，感覺占星之美，如窺探整副浩瀚宇宙，也感覺自己正被溫柔照看。

記得老師說，我多星在十宮，因此人生有鮮明脈絡，總是想不斷追尋，到處奔跑；亦多星落四宮，因此有一個實則辛苦的內在，要練習說自己故事，相信有人願意聽。老師看著我說：「妳要試著多說妳真正想說的話，活出自在快樂，那是妳靈魂的深層追尋。」我感覺同一時刻，自己的生命像是有什麼很堅硬的部分，被柔軟地撼動著。

我有時候回想當天體驗，都會感覺：「哇！自己是個被宇宙祝福著的孩子。」

感謝與芯汝老師相遇，於是占星之於我，更像是一種生命的哲學——我們會知道自己從何而來，要往哪兒去，在其中做出選擇，面向一生的學習課題。

而我們每個人出生時，就帶著星座的座標，如同攜帶裝備上路，那是生命的禮贈，打從出生，就帶著宇宙祝福，去經歷只有我們才能過的一生。

很開心老師出書成文，傾功力書寫《太陽系行星意識》，將那一份看待生命的柔軟與奇妙，也將那一種寬闊也自在的視野分享給更多的人，而我多麼期待，我們都能在仰望星空之際，知道宇宙間有個正被祝福的我們。

（本文作者為作家）

推薦序

# 掌握太陽掌握方向，如何做自己人生的太陽？

滕關節

也許是跟呂芯汝老師年紀相仿，我們走過相仿的冥王星天秤世代，一路看著冥王星經歷反動革命的天蠍世代，一九八七到一九八九那幾年的世界巨變尤其劇烈。稍事喘息的冥王星射手世代，緊接著來到算老帳的魔羯世代，二〇〇八年至今的總算帳令人怵目驚心。如今總算來到全新的水瓶世代，外在的先進急速發展似乎隨時都會走入文明史中的奇異點。

當外在大環境分分秒秒都在高速成長，你能明白自己內心深處最真切的使命是什麼嗎？占星學進入臺灣引發熱潮也快要半個世紀了，這之中多少占星書籍能夠淺顯易懂的語言，翻譯轉化成你能理解的文字呢？

太陽、月亮、水星、金星、火星、木星、土星、天王星、海王星、冥王星等行星（認真學習下去還要學四神湯：灶神、婚神、穀神、智神），這些行星在你個人出生那一刻所安排的生命地圖，你能成功導航，為自己找到中心原點，如何理解自己的使命呢？

用最直白的一句話說：如何當自己人生的太陽？

呂芯汝Via老師撰寫的這本《太陽系行星意識：掌握占星奧祕，完滿人生課題》絕對可以當成占星入門學習者的絕佳好書。書中提到「太陽談自我成就」，你要完成你太陽星座的定義，你才會覺得生命擁有了價值。例如對於太陽巨蟹座的人來說，沒有什麼比完成定義家庭更重要。但對於太陽水瓶座的人就未必，水瓶孩子們更重視社會性的改革創新。

太陽在你人生哪一個宮位，更代表了這樣的力量使命，該用怎樣的方式完成達成目標。太陽在一宮跟十二宮的人，表現出來的方式截然不同，即使他們出生的時間差沒有幾個小時。

把太陽星座的主體使命定義學習完畢，那恭喜你，這本書有著非常清楚圖製表能讓你一目了然地記住這些差異。理解太陽代表之後，緊接著學習月亮，掌握內心情緒。

完成你人生的最重要的兩面，太陽月亮是天文學上的一體兩面，也是成就你我個人外在內在的基礎定義。外在需求與內在需求，太陽與月亮猶如是個人星盤中的父母雙親，也是你終其一生汲汲營營的天賦使命。

完成日月雙星之後，接著把掌管交流溝通的水星、愛與美的優雅金星、性欲望生命力的火星、理想與擴張的木星、責任與考驗的土星、改革變化的天王星、慈悲共感靈性的海王星帶給我們什麼啟發？深層的集體世代命題冥王星又是什麼？為何冥王星代表死亡、試煉與蛻變？

《太陽系行星意識：掌握占星奧祕，完滿人生課題》非常推薦給想要學習認識占星的新朋友們，例如討論到月亮星座十，我們能看多深？月亮的情緒基底、安全感與內在需求模式又是什麼？對於學習占星知識多年的朋友來說，這本書也能當成溫故而知新，起碼每個占星師吸收消化後的反芻占星見解，都會有部分角度是過去我們未曾思考過的。

獻給每一個尋找生命太陽的你與妳，這張人生導航地圖，可以從這本書開始按下啟動。

（本文作者爲臺灣影評人協會副理事長）

# 好評推薦

占星總是帶有一層神祕的面紗，然而，來自太陽系的行星卻能引導人們更加認識自己，也可以說是宇宙送給人類的禮物之一。透過這本書，不僅可以更了解何謂行星意識，更可以藉由它們來探索自己的生命藍圖。

——IG閱讀書帳．愛書人／陳子楹

前言

# 回歸生命的本質，一探占星的奧祕

我是一九七〇年代的孩子。就學時，個人電腦在DOS階段，最時髦的通訊工具叫作BB.Call，沒有手機也沒有網路。在那個時代，寄信、收信是一種關於等待的漫長情調，要知曉最新的新聞，得收看電視或一早送來、熱騰騰的報紙，更不用說國外的消息。聽音樂得用錄音機，音質不但差且容易壞，可是能買一部在身邊，就會覺得自己高級得不得了，那時瑜伽、身心靈學習等，甚至都只是很小眾的新玩意。

## 新時代的轉換，人是否有進化的可能？

短短數十年間，科技文明以令人難以想像的高速演化，席捲人類社會。

音樂市場出現了CD且迅速普及，結果才沒有多久，音樂便數位化了。電腦也是，來不及摸熟DOS操作介面，就進入Microsoft、Apple時代，然後網際網路、搜尋引擎、社群媒體、雲端系統等一一問世，才驚喜於手機的出現，沒幾年，摔不壞的Nokia 3310已替換成智慧型手機。現在傳送訊息，哪裡有人費工夫寫信，連Email都快不流行了，人人有Line、FB、IG，只露半張臉都會被搜出來，期望耳目清淨，還得大費周章地躲避。不管發生在世界哪個角落的事，只需上網就能找得到，網際網路的威力無遠弗屆，整個地球被密密麻麻的資訊光網籠罩，我們都是其中一個光點，一項項革命性的發展，甚至還在翻新中。

這個世界變得很不一樣。我們也變得不一樣了。

外在訊息的密度、質量，幾近無限地展開，穿透了生活原本的封閉性。我們無法像僅僅幾代之前的人們，被生存的壓力覆蓋，因知識不足、生活環境的限制、經驗類型的狹窄，只有群體中特定、頂尖的人，才能擁有靈敏知覺、廣闊的視野，進而發展高度細密的生命型態；反之，豐沛的資訊來源使得我們視野大開，任何人只要願意，都可以上天入地地認識一切。人們的大腦不斷受到激發，高速地運作起來，即使再遲鈍的人，都能感受到世界的多采多姿，人類的神經系統變得更敏銳了。

我們不得不慶幸自己生在科技文明快速成長的時代，享受著刺激、被滿足。但神經系統的敏銳化，也使得越來越多人意識到生命的多元面向，僅以求存、物質化、單一型態為主的生活，令人麻痺、鈍化、失去幸福感。同時，物質感官的滿足，對比於生命中各種矛盾、情感困境，逃脫不了的痛苦和枷鎖感，也越加鮮明、無法迴避。

人們內在累積著困惑，我們越來越想知道：如果外在文明快速進化，個人能不能也跟著變更好？除了渾渾噩噩、重複地過完一生，是否能做些不一樣的選擇，甚至有進化的可能？人的一生是為了什麼？

這些困惑或渴望，迫使整體來到亟待突破的關鍵點。

## 透過占星，掌握生命的本質

生命一旦發出了探問，就像好奇的孩子徘徊於通向未知的門前，門開啟了，只有無法自拔地前進、往深處探索。

通訊設備都能從老舊的室內座機變成移動通訊，再進化到智慧型手機，還能年復一年更新版本，從2G到5G。那麼，人呢？

人的進化、高階化，並不是指才智、學歷、身家地位的優越，表層看來高人一等，但內在依舊僵固、沉重、充滿迴路。**我們要追求的更新，勢必在更深的層面中——人類心靈意識高階版本的發展。**

什麼是心靈的高階版本？通常版本越高，功能就越優化、運算越精細周密、連結性越強、能量來源越高級、越沒有Bug的干擾。

有沒有可能，不管外在現實條件如何，人們都能快樂滿足、自信堅韌、活力十足，並且充滿智慧、細膩圓融，能與他人互愛合作、事理無礙，創造生生不息的生命型態？若有這樣的版本，我們該如何進入這種高階狀態？如何在這層次中，從老舊的模式裡掙脫，打開最高潛能，自在體驗人生、成就更深的價值？

上述種種討論，匯聚出本書的核心。對很多人來說，從這角度去研究占星，挺意料不到的。除了認識自己的個性、戀愛傾向、日常運勢之外，**占星還可以認識人類的心靈進化。**

是的。現代占星這門學問，不但肯定了人們進化的可能，還提供充足的引領。**從不同的行星面向，展開生命內在的意識結構、表現方式、陷落處和揚升的潛能。**

藉由占星，我們能完整掌握生命的內部構成，並將之具象化描述、分析，解開人的祕密。就像你得知道iPhone外殼裡的祕密是什麼、怎麼運作，才有可能發展出更高階的版本。

懂了生命的本質，就會懂得生命是如何，或者要如何進化。人的高階版本早已包含在我們之內。

## 我們都是「太陽系人」

任一張星盤上，都記錄了太陽系行星的軌跡，關於這一點，大家可能不太習慣。談到現代占星，一般人多半浮現的是獅子座、處女座、水瓶座等星座名稱和它的涵義。但實際上，占星的基礎是行星，星座是依著行星的引動才顯現出色彩。

以行星為占星起點，我們會發現，一個人依照出生時刻繪製的本命盤，就是他出生當下的太陽系行星位置圖，只不過星盤中央不是太陽，而是地球。將所有行星的遠近距離取消，留下行星方位，再加上十二星座的定位，本命盤就描繪出來了。**從占星的角度，人的生命並不是個別、微小的，任何人的星盤都映照了太陽系瞬時的整體行星結構。**

用占星的話來說，**我們其實不是地球人，我們是太陽系人。**這概念應該會讓大家的腦袋「轟」地一震、嗡嗡作響，對於自我的定位，一下子浩瀚了起來。任何一個看來平凡無奇的人，在出生那一刻，都與太陽系行星相互呼應。

本命盤裡的十位主角，即我們所熟知的——太陽、月亮、水星、金星、火星、木星、土星、天王星、海王星、冥王星等行星（當然還可以加入各種小行星），它們不是高掛在宇宙中，遙不可及、不著邊際的星體，而是持續運轉的訊息型態，各自運作不同的意識系統，並在每一個時刻同步與地球上的新生人類共振，凝聚出生命的基底。

人也許難以說明自己的內在成分，但有了星盤中的太陽系行星紀錄，便能白紙黑字、分門別類地拆解、分析深藏於內在，又主導生命一切作為的意識軸線，進而協助生命的運轉。

一般人接觸占星，多半很務實，想得到當下關於情感、工作上的建議。星盤解析的確好用，所有人都能從中得到具體的指引，但這些指引之所以有效，並不是因為星盤有何神祕力量，最關鍵的地方在於我們與其他生物、非生物的差異——**人具有精神性，真正構成我們的零件是精神意識，這意識又與太陽系行星訊息有關**。所以透過星盤中各行星的綜合解析，能得到相當實用的建議。

其實星盤分析的都是我們的心念、意識慣性，意識驅動感受、行為，造就一切外在現象。所以，反過頭去觀察意識，找到關鍵處，自然能迅速研判出問題，形成策略。只是，進入太陽系人這個角度，人的內在結構甚至超越了地球本身，與太陽系行星意識相應。生命是如此巨大、神聖，這使我們不禁回望自我，現實生活中的種種考驗固然重要，但肯定不是終極目標，或者說，這些體驗是為了什麼？

## 展開太陽系行星級的學習

光是行星意識的存在，我們就可以明瞭人類一生中需要經歷的各種生命面向。尤其木星之後的外行星，例如土星、天王星、冥王星等，越深入其中的行星意識，越能感受到生命成長、轉化的意圖。

既然每個人都在地球出生，每個人的出生星盤都附帶太陽系行星配置，那麼無論是誰，**內在意識中必然含括試煉與蛻變（冥王星）、痛苦與成熟**

**（土星）、改變與突破（天王星）**等訊息。只是藉由不同事件、不同人際、不同型態去引動。

由行星意識所架構出的整體，直指人類生命經驗的核心：**人不是只會吃、睡、行走的生物，是精神性生命，精神性的學習、淬鍊與成長，是所有生命的渴望。**

太陽系不再是散落著岩石、氣體的荒蕪空間，在這個以太陽重力為核心的系統裡，人們以地球做為生命繁衍、生息之所，並與整體行星訊息相互呼應，它更像一座學校或是實驗場，從星盤中十顆行星意識的深刻理解，能推演出這座實驗場的基本設定與終極目標。實驗場設定了人類精神意識擴張的範圍，人們必須對準內在所有的行星意識，了解它、實踐它，並在其中遭受鍛鍊、最終圓滿它，一旦圓滿了，就能超越。人類的進化版本，是太陽系的級別，超越了，才能回頭解答生命中一切的困難與矛盾，當我們結束這場學習，脫離了這座實驗場，就有機會迎來更高級別的學習，向銀河系中心意識對齊。

**完成高階化生命型態、超越太陽系行星級的學習，就是我們的目標。**

由此架構反推，我們將心領神會。人們來世上一遭，不只是為了賺錢、得到地位名聲、談幾場浪漫愛情、結婚生子、安穩養老，雖然這些經驗並沒有錯，甚至挺寶貴的，但我們的生命觀將不再受限於狹隘、物質性的價值。

人在此經歷光明黑暗、快樂痛苦、高升陷落，不論是好是壞，都是這趟學習之旅的大課綱，在地球這間大教室中，我們無須，也不可能趨樂避苦。難的是，必須在物質界面的世界中，記起我們的本質，向成長不斷推進。

每一張星盤的組成都充滿了潛能，像是太陽系轉動的實況，我們取下的那一瞬間，只是整體動態行進中的一個片段，它的行星意識帶有許多未完成、已完成的週期，有能量色彩的偏重或傾斜，或優美或散亂、尚未成形的角度。透過每一個人各自展演，這些片段被打開，展現出不同的生命樣貌，裡面蘊含著無限的可能性和走向圓滿的驅動力。

也許表象看來，人們眼中的生命發展有高低優劣之別，好像星盤也有高低優劣之分，有些先天穩健些，有些可能一開始就難以伸張，但有了靈性實驗場這概念，回頭來看本命盤，我們出現了全新的眼光，看到的不是一個人「註定」了什麼——環境優劣、資源多寡、命運好或壞，**我們開始看到了「機會」——生命成長、蛻變的機會。星盤中的一切，都是提煉自己、走向成熟圓滿的機會。**這使得占星變得有意思了。

## 系統與命運

占星被歸類為命理方面的學科，因為裡面有太多先天設定。如果星盤不是「註定」而是「機會」，那麼命運是怎麼回事呢？

其實，**任何一張星盤的本質，只是行星意識的組成，但有了意識結構，就有了對應的現實。**例如某個人先天的意識結構，使得他展現軟弱或尖銳的內在特質，他的言行處世、與身邊人的關係，自然會造就特定的運行方式與回應，久而久之，自身與周遭便形成了一個系統。這個人既共同創造了這個系統，也深陷其中，好的地方總是如此，但運轉不良的地方也是如此，系統若無法改變，最後連好的地方也漸漸行不通。悠悠數十載過去，他不得不感嘆命運造化，似乎自己不管怎麼做，都會回到特定的路徑，總有突破不了的天花板，只能相信命運。

事實上，既然意識可以變得成熟，生命可以成長、進化，我們當然可以改變自己的系統，進而主掌命運。所有行星意識的發展，都蘊含無可限量的跨度，如同處在巨型光譜的某一點上，看我們能推進至何方。可惜的是，大多人只能觸碰初始的介面，好就好，壞也就壞，因此多數人一生無法擺脫困境，只能順應某種生命模式以及型態所引發的一切現象。

如果我們真有顛仆不破的命運，那麼人類唯一的命運便是來到地球，在太陽系中成長、進化。**掌握命運，就是主動迎接生命往高階化發展的去向，開創新的可能，使個人與周遭、社會、世界形成共生共利的永續系統。**依此概念往回推，在我們身上的一切缺點、不順遂、與人之間的一切矛盾，都值得我們深加反省：是什麼妨礙了永續系統的建立？該怎麼改變自己的意識？再進一步，我們得了解自己的意識構成，並且願意拆解、認識、轉化，才有機會從原本的系統中開脫，建立更理想的運作型態。

掌握命運並不簡單，因為涉及內在意識的蛻變，要付出極大的努力，需要時間一點一滴地慢燉。讀透了現代占星，我們終歸臣服，終歸「認命」。**「命」是進化蛻變的道路，要「認」的，不是人生註定充滿局限、困難等命苦的悲嘆，而是對於自己的局限、困難，必然會負起責任，給予堅定承諾。**

在這一點上，人和人之間沒什麼好比較的，星盤也無所謂好壞，命運也沒有優劣。我們無法推測星盤的由來，為何生命選擇在那獨一無二的時機出生，與一瞬間太陽系行星能量共振連結，造就屬於自己的特殊結構，但我們可以把握星盤的去向。即使「我」的出現可能來自難以追溯、神祕複雜的機緣，然而成長方向肯定了，在每一個當下的梳理與重新學習中，未來會逐漸清晰，也終將能解讀過往。

有了篤實的信念，抑制自我發展的心理枷鎖便卸除了。即使先天條件不同，起步有難有易，都將促使我們學習。**每個人的小系統環環相扣，都是大系統的一部分，進而形成人類的整體，當我們能破解生命的奧祕，就能把握機會，參與整體命運的創造。**

這如白駒過隙般的人生，可以不平凡無奇、庸庸碌碌。我，也能成就整體演化的壯舉。

## 掃除一切陳舊僵固的水瓶時代

西元二〇〇〇年以後的星象越來越「水瓶」，不管是地球歲差所昭示的，地球已由雙魚時代轉向水瓶時代，還是用二〇二〇年底，八百年一次的土木大合相水瓶做為象徵，或者以二〇二四年後，冥王進入水瓶為界分。無庸置疑，地球已開始邁向水瓶色彩的發展之路。

水瓶是很先進的星座元素。到了水瓶，星座能量已經離開小我，來到群體的視野，水瓶談一種「大我」的理想，那是一個人人平等、群體協作、科技、智慧發達、掃除一切陳舊僵固、創新永續的高階世界，在前一個魔羯元素卓越穩定的物質成果之上，人類群體能以不受束縛、充滿創意、自由、開放、靈動的方式發展，而水瓶談的就是進化。

以目前科技前進的速度推算，曾在人們心中幻想的未來世界：車子在天空飛、AI機器人滿街跑、虛擬實境圍繞四周等場景，已然不遠。人類整體來到了數千年以來，物質文明的高峰，冥王水瓶從二〇二四年開始運行二十年，這二十年甚至有機會將地球的科技發展史翻篇，推展至當今想像之外的可能裡。

當地球物質文明越臻於高峰，隨之而來的不一定是幸福，有可能是前所未有的大挑戰。當下的科技成果對應上了水瓶，但形成文明基礎的是人類群體，人心對得上水瓶的質地嗎？人們是否能同步跨階，展現水瓶的進化特質？是否已具備能駕馭物質發展的心靈意識基底？這些疑問撞擊著我們。

科技文明發展越高，除了成就力量越強，代表消耗與毀滅的力量也越大。若我們無法穿透人性的匱乏、陷落，密密麻麻、大大小小的恐懼、憤怒、攻擊、貪婪，糾結在個人之間，乃至國與國的脈絡中，我們不但倍加受限，恐怕越加促使集體毀滅的發生。

往共同的活路走去，勢必是接下來地球發展的關鍵課題。或是說，是我們這一批太陽系靈性實驗場參與者的共同大願。

我們渴望實現地球的高階文明，心靈意識與物質同步躍進，以精細化的知覺、高度的內在發展、深刻的反省能力駕馭文明，並且應用在現實世界中，直接活出共存共利、低耗能、高滿足、細膩美好的生命型態。

不僅是渴望，在這個當下，這些發展是迫切的。唯有如此，我們才有足夠的本錢，在文明高峰，卻也可能是頹敗邊緣中，安然度過危機，擁抱科技成果、延續並創造未來世界。

## 群體協作，展開整體意識進化之旅

在水瓶時代談人類高階化發展，無疑是對應的。仍在地球生存的我們，不管在哪個年紀，都恭逢其時，對應了這項大願，這是一個充滿考驗，也充滿可能性的時代。

不過，若想趁著這個時代向上翻轉，還得把握一個關鍵：**水瓶能量是群性的**。雖然水瓶色彩強的朋友，常常給人孤傲之感，但水瓶的智慧來自於集體智慧，所以發展越好的水瓶，一定越是群體性的、躋身在志同道合的夥伴中。人類本來就是群體性的生物，不用水瓶時代提示，我們都有這個概念，但如何保有自我，又能融入群體，卻是一道千古難題。一個人自在、舒適，不被他人干涉，也不會有機會傷害別人，這不就是自利利人嗎？

做研究占星的，很少討論群體發展這件事，因為占星最吸引人的是針對個人的多元剖析，才會實用、有收穫。**星盤看似個人，但其實所有行星意識底端，都與群體的議題連結在一起**，尤其外行星全都與集體潛意識相關，而本書有不少內容著墨於此。

**欲使個人行星意識成長，最有效的方式，即放在群體之中學習、接受驗證**。事實上，生命是系統式地運轉，想要開展、進化，不可能單靠個人或幾個人能成，必然有足夠的群體關係，才能意識到缺漏，才知道能力可以貢獻至何處。群體未必完備健全，但在個人進化的脈絡上，個人與群體同步發展、相互校正，越多小系統的投入，就越能推動群體大系統的演進。進入水瓶時代，地球文明的確有了翻轉的大機會，這項契機必須由所有人共同造就。

這是一本很不一樣的占星書。本書的用處，不在於補足一般大眾對於占星或星座的知識，**我更期望回歸生命的本質，帶領朋友們一探占星的奧祕——行星意識與太陽系學習之旅**。若有機會翻閱本書、攤開一張星盤，我們也許會「憶起」在靈魂深處曾有個心願、一個約定。

人類的進化，是整體意識進化的一部分，我們不是來見習、旁觀的，就在此時此刻的地球，在我們各自的生命脈絡中，扎扎實實地一起來實踐這件事。

第一章

# 行星意識與星座

## 了解自我面向，善用內在法則

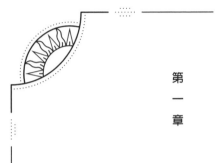

星盤的主角是行星，任何星盤都以太陽系主要行星的配置為底，並延伸出行星的星座、宮位，以及行星彼此間的角度關係，構成一張完整的占星星盤。

本書談十顆主要行星，包括太陽、月亮、水星、金星、火星、木星、土星、天王星、海王星、冥王星，但這裡不講行星「意義」，而用**「行星意識」**為名，因為占星研究中的行星，是一種訊息型態，運轉著不同的意識系統。

## 不同行星各有不同意識類型

人非常特別，能對一切現象產生概念、覺受，並由此展現思維、喜好、選擇與判別，以及隨之而來的各種回應、行為，這就是「意識」，是人類的「心」或「心靈」活動的重要表現。其中少數是我們清醒可察覺的表意識，但多數是在理性之下，無時無刻不浮動的潛意識。人類意識的複雜性遠遠超過地球上的其他生物，更奇妙的是，人不僅具有意識，還能意識到自己的意識，其它生物都不具備這樣的精神表現。

人以意識為一切言行基底，意識主宰我們，反過來又創造了各種現象、關係連結，甚至可以說，**意識造就了人的現實**。人具物質性身體，卻不完全是物質性存在，而是精神存在，或稱精神體，這個精神體有著獨一無二的心靈、意識。

人們在出生那一刻與太陽系行星共振，內在與所有行星意識相互呼應，若由占星的視角來說，**不同的行星意識代表不同的意識類型，各自分立、交互作用，形成每個人內在意識的整體**。意識是活生生且具發展規律，人類對於自己的內在活動具有自覺能力，所以透過反思、學習，能使意識變成熟。如果一生中有所成就，真正來說，並不是外在現實有何斬獲，而是全來自精神意識的發展、成長。

學習占星最有趣的，就是透過解析那張出生時太陽系行星紀錄、展開其中各種細節，進而掌握一個人的內在特質、理解他的生命模式，這也是大家讀起來最津津有味的部分。但若不在行星意識這個基底上深刻理解占星，反而無法獲得星盤能給予我們的寶貴指引。愛情傾向、能力弱點、原生家庭問題等，星盤固然能以非常具象的方式展開這些細節，但知道了這些又如何？被說中了又如何？

唯有真正認識自己，意識「我」這個精神體是如何以龐大的精神意識構成一切、如何影響生命中的一切顯化、未顯化的作為、如何形成各種人生事件。如此，占星對於人的發展、成長產生了重要的意義。

十顆行星各自有它的行星意識，並形成內在法則：

**太陽談自我成就。**

**月亮談情緒、內在需求。**

**水星談訊息交流、學習。**

**金星談美、共振與價值感。**

**火星談生命力與欲望。**

**木星談擴張、資源與機會。**

**土星談困難、經驗與成長。**

**天王星談變革、直覺與創新。**
**海王星談靈性、療癒與臣服。**
**冥王星談死亡、試煉與蛻變**

## 行星意識的成熟化

這些行星意識像拼圖一般，拼湊出生命發展的整體圖象與企圖。看懂了這幅生命大作，我們能了解人生並不是漫無目的，被瑣碎的生活需求、金錢情感欲望推著走。生命裡有脈絡，各個行星意識是一條條相互交纏的主線，引領我們追尋、體驗，人生中的各種事件受之勾動而來。若發生困難，我們所要做的不過是循線追查，將底層意識脈絡梳理清楚，不管是事件本身或心境難處自然能得到化解。

行星意識皆有成長需求。原因在於每一個行星意識都有其獨特的著重面向，**若單一、過度地發展某特定行星意識，勢必會有未全之處，最後走向陷落。**例如金星與美、感官有關，發展金星意識會帶來細膩精緻的感知能力，但過度發展之後，卻使得人重視享樂、因喜好取捨而驕縱，反而使得心靈萎靡，為此付出代價。到了一個極點後，再也無法重複，於是一切歸零，重新開始。所有行星意識的發展，都有一條緩慢攀升至高點，而後下墜至低點，再緩慢上升的路徑。從意識萌芽、蓬勃到頂峰、缺漏到頹敗、再次萌芽的螺旋式發展特質。

星盤中布滿行星意識的我們，避免不了這些挑戰，也無須迴避，因為我們就是來學習的，不管哪一個行星意識，我們都得經歷、得受到拉扯、得熬過漫長地學習。只是，有些人已經熟悉、特別擅長某些行星意識，有些人則發展不起來，另外一些人雖然會應用，卻始終拿捏不好。例如同樣是金星意識，發展程度較高者已經能將藝術化為生活，但有的完全不熟悉，特別粗鈍無感；還有的人具有美感，雖然很會打扮，卻總是花太多錢等等。無論如何，不管是哪顆行星、在哪個發展狀態，最終我們都得完成這些課題。

當所有的行星意識走過，或無數次走過螺旋式的發展和考驗，生命慢慢地成熟了，不管是太陽的自我成就、月亮的情緒照顧、金星展現美、善用木星福報，或是在土星壓力中承擔……我們都能掌握得恰到好處，成熟地應用各種行星意識，一個個課題圓滿結束，行星意識便開始進入更高的層次。人們所追尋的生命高階化發展，靜悄悄地出現了。至此，我們不再過猶不及、不再左右為難，與人之間互助互利，整體生生不息的氣象已然降臨。

前述行星意識的巨型光譜，指的就是行星意識從初始發展到圓滿的進程。圓滿沒有極點，看不見最終景象，但我們永遠都可以往更臻良善的層次再度跨進，即使過程要花上無數的時間，生命總是一次一次為此而來。當然絕大部分人離這樣的前景都還太遠，許多人甚至連生命是來學習的都未曾知覺，而卡在行星意識發展的前端，只能啟動行星意識中一小部分潛能，無法探入精華的部分。

如果占星能啟發些什麼，我想是因為它在這關鍵上給予我們最大的激勵。儘管一開始你只是因為金錢、愛情、孩子、工作的煩惱，尋尋覓覓來到占星的面前，但透過這些遙遙相對的星體，認識了生命的可能性，你知道你不只如此，還有好多隱密的、矛盾的你尚待解開，也有無數精采的你尚待挖掘。你發覺到：認識自己好值得、努力改變好值得，於是，占星的存在之於我們，也值得了。

## 行星與星座，獨一無二的交織

當然星盤不只有行星，還有環繞在行星四周、將黃道一圈均勻切分，以三十度弧長為界分的星座。星座共十二個，任何行星都會落在某個星座的位置之內，這就是行星加星座統稱的由來，譬如太陽落在天秤座，就是太陽天秤，其他皆同，如火星巨蟹、土星處女等。

行星們有各自的行星意識，組成了每個人生命內在意識的軸線。但加上星座元素，這些行星意識的展現變得更細膩了。例如月亮與情緒有關，我們都有月亮意識：需要被照顧、有安全感需求，在孩提時期形成情緒模式，而這些模式也都與照顧者有關。但配合出生時，月亮座落的不同位置，你成了月亮天蠍、我是月亮牡羊、他是月亮魔羯，彼此有了不同的情緒模式，與母親的關係也不同。

十顆行星配上出生時座落的星座位置，人的星盤有各式各樣組合的可能，光是這些組合就拆解不完了，還加上宮位、相位，任一張星盤都是一座龐大的資料庫。不過，若以行星意識為軸，將星座視為能量原型去搭配，便能精簡扼要地抓取重點訊息。

十二星座其實是人們對於世間一切有形無形、各種存在現象化約出的分類法。中國有金木水火土五行、西方有地水火風四元素、印度有地水火氣空五元素。這種將世界化約為基本元素的方式，始於古人觀察天地萬物所歸結而來，而十二星座的劃分，則與太陽和地球之間所形成的季節規律性變動有關。所以十二星座內含西方的四元素，又加上季節推移的律則（三分法），展開為十二類型，自成一套方式。

所以，**星座不等於個性的形容詞**，它們當然可以拿來分類人的特質、心理狀態，而且特別好用，但我們還是得回歸星座的本質，了解每一個星座著重的元素特質、能量原型。

每一個星座都是如此獨特美麗，熱烈燃燒的牡羊、節制均衡的天秤、細緻融入的雙魚……各式各樣的型態，暈染出個人獨一無二的面貌。由於行星分布於星座中，十個行星再分散，也不可能同時落在十二個星座，何況行星通常有數顆集中的現象，個人星盤裡，總有某些星座特別被強調出來，或者太陽、月亮等內行星所在的星座，也會有較為鮮明的展現。

如果我們用色彩來比喻十二星座，十個行星意識交織作用，則將之視為一場內在大戲。星盤中十顆行星與星座的連結，使得這齣大戲的畫面呈現特殊色調，可能某一齣傾向明亮、更多紅色調，另一齣電影強調深沉、更多藍紫色的憂鬱。沒有對錯好壞，那就是「我」。

## 整合人格碎片，活化星座色彩

然而我們談過行星意識有其發展規律，交織而成的生命整體，需要不斷成長、進化。某種星座色彩過於鮮明，也暗示著有其偏廢。例如可能有數顆行星落在牡羊的朋友，果敢、勇猛、直接，卻可能完全不懂得協調、退讓，或者太陽月亮都在天蠍的人，情感濃郁、堅毅、有深度，但卻充滿防備、無法放鬆。很多人將星座特質做為認識自己的基礎，但認識太深，也成了限制發展的成見或擋箭牌，例如牡羊會說：「我就是慢不下來嘛！」天蠍也很肯定：「我就是覺得人很可怕。」其實行星意識加上星座、宮位、相位，是非常複雜的運作系統，沒有哪個人完全無法改變，每個星盤系統都有它的出口、可能的學習途徑。星座能量讓我們感到有歸屬、感到熟悉——那就是我。但每個人都有十個主要行星意識，各自座落的星座，加上上升星座，也都是我。真相是，「我」有好多種面向，一個星座是其中一個碎片，我的內在裝載了許多人格碎片。**星座本質是一個整體，就像所有的色彩都包含在白光中，今天只是藉一個生命的誕生，映射出其中幾種顏色。**

星座之間並不是全然割裂的型態，前後星座之間、對相的星座、相同元素的星座、同屬三分類型的星座，都有緊密的關連。**當一個星座過度被強調、過於習慣它的型態，勢必造成星座能量的停滯或負面發展。**趨於高階發展的星座能量，反而帶著高度的流動性。顏色依舊是原來的顏色，例如牡羊不會變成巨蟹，但在自我的觀察、調整下，這道顏色靈活了起來，可淡、可深、可與其他顏色調配。人類之所以稱為精神體，是因為人的精神意識能修習、能蛻變，這些內在碎片可以被統整，最終保留各種星座的正向型態，轉化負面特質，在生命進化的道路上，應我們所需、隨我們所用。走到最後，星座越來越無法將我們分類了。行星意識的成熟與星座能量的靈活運用下，那齣內在大戲依舊很美，或者更美了，裡面依然嗅得出個人獨特的特質，但它所要談的故事力道、所彰顯的生命層次，或那些困境和深度，只會更加展現出我們之間的相似。

## 火元素：精神之我、本能、力量、行動、展現

| | 三分性質 | | 能量原型 |
|---|---|---|---|
| 牡羊座 | 開創星座 | 自發、當下、目的性 | 活力、爆發、衝動、直接、領先、直觀 |
| 獅子座 | 固定星座 | 向中心凝聚、穩定、堅持 | 光芒、榮耀、熱情、展現、領導、自我 |
| 射手座 | 變動星座 | 改變、適應、分解、未來性 | 追尋、真實、熱情、坦率、擴張、樂觀 |

## 風元素：我與他人（群體）、理性、交流傳達、連結

| | 三分性質 | | 能量原型 |
|---|---|---|---|
| 雙子座 | 變動星座 | 改變、適應、分解、未來性 | 變動、機靈、傳播、多元、輕盈、快速 |
| 天秤座 | 開創星座 | 自發、當下、目的性 | 接應、平衡、協調、二元、客觀、理性 |
| 水瓶座 | 固定星座 | 向中心凝聚、穩定、堅持 | 創新、特異、冷硬、理性、群性、理想 |

1-1　十二星座的四元素、三分性質與能量原型

**土元素：物質、顯化、生產、踏實、感官**

| 星座 | 三分性質 | | 能量原型 |
|---|---|---|---|
| 金牛座 | 固定星座 | 向中心凝聚、穩定、堅持 | 穩定、堅持、緩慢、質地、現實、感官 |
| 處女座 | 變動星座 | 改變、適應、分解、未來性 | 細節、服務、勞動、秩序、規律、完美 |
| 摩羯座 | 開創星座 | 自發、當下、目的性 | 務實、承擔、成就、結構、穩固、傳統 |

**水元素：潛意識、情感、滋養、細膩、歸屬**

| 星座 | 三分性質 | | 能量原型 |
|---|---|---|---|
| 巨蟹座 | 開創星座 | 自發、當下、目的性 | 情感、柔性、照顧、連結、安全、保衛 |
| 天蠍座 | 固定星座 | 向中心凝聚、穩定、堅持 | 欲望、占有、互屬、報復、深入、防禦 |
| 雙魚座 | 變動星座 | 改變、適應、分解、未來性 | 慈悲、犧牲、共感、無序、想像、融合 |

第二章

# 太陽

燃燒，
去成為自己

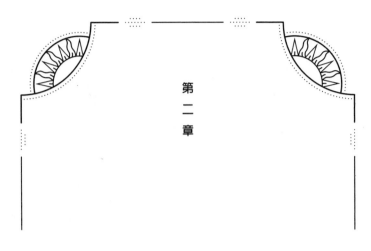

# 行星意識

## 重中之重／成為自己／目標、能力與成就／父系脈絡／榮譽與群體位置／燃燒

在占星被大眾文化吸收之後，太陽星座成為一套流行的詞彙。由於太陽星座簡單易查，只要知道自己的出生日期就好，所以大部分的人都知道自己的星座類型，「哦！你是ＯＯ座的！」也成為彼此認識、建立初步人格概念的基礎語言。

不過，這樣運用星座的方法，明顯是過於簡化了，姑且不論大眾文化中所談的，僅是「太陽」所座落的星座，甚且對太陽這顆行星本身的了解，也不夠確實。

## 重中之重：一切行星的整合點

用太陽來界定一個人的人格特質雖然簡單快速，但不免掉入一些誤區。我們多半都有類似經驗：牡羊座的人不像牡羊、巨蟹座的人不巨蟹、天蠍座的人大呼冤枉，認為自己一點也不陰險，處女座則想辦法不讓人知道自己的星座，以免被冠上「龜毛」之名。到最後，正確性無關緊要，因為神祕感，多多少少讓人覺得有點道理，至少貼標籤很方便，同時也是茶餘飯後頗具趣味的談資。

然而如果真正了解占星，會發現其實它的理論非常嚴謹，也有極為細膩的分析邏輯，不可能用單一行星加星座來描述一個人。若非用星盤談人格特質不可，只會得到一個結論：每個人都有多重人格。太陽、月亮、上升點，或水星、金星，所有行星座落的星座都是人格的一部分，全都是「我」。當然，太陽在其中特別重要。

**本命星盤，是由一個人出生時的太陽系行星分布所構成。**這宏偉的太陽系圖若還原為當時太陽系實況，令人離不開目光的，必然是那顆熠熠生輝的太陽。它是太陽系唯一的發光體、重力的中心點，所有行星都圍繞太陽而形成週期性公轉。

任何一張星盤中的太陽，也具有這樣的關鍵意義，它是一切行星的整合點，不管行星有什麼樣不同的質地或發展方向，都會歸整在太陽所代表的人生目標、意志力、活力的展現上。

舉例來說，你的星盤中有月亮牡羊座、金星和火星是獅子座、冥王星是射手座，但你的太陽是巨蟹座，這輩子的生命目標就會彙整在巨蟹上。不管你多會攻擊、多有進取心、熱情、自主性，都會以保護、連結、家的概念為目標，行使它們的能力，若要啟動意志力、活力，也必然與這項目標相關。

太陽的重要性在此，與其拿太陽星座當標籤，貼在每個人的額頭上，當我們遇上任何人的太陽星座時，不如興起探索之心，想想這位獨特的地球旅人的生命意義：「哇！你是天蠍座欸，你這一生想做什麼？」

## 成為自己：獲得自我圓滿，發展獨有的面貌

有些情況是，因為個人獨特的生命進程或星盤布置，盤主沒有扣準星盤中的太陽發展，反而更強烈地呈現出上升、月亮等其他特質，現實中會有這樣的狀況嗎？當然有，而且還不少見，越年輕的時候，越容易出現。

一位太陽牡羊座的朋友，可能碰上強勢的父母，從小就不准他隨意展現自我（如太陽與土星、冥王有衝突相位），或是天生個性比較封閉、有隱逸傾向（如太陽在十二宮），完全看不出牡羊的特質，反而因為月亮落在魔羯，他的老成、內斂特別鮮明。

太陽的確有可能隱微不彰。

一點都不像自己的星盤太陽，對芸芸眾生來說並不是什麼嚴重的事。飯照吃、舞照跳，人生照樣能過。只是如上所述，太陽與生命核心目標有關，**所有行星的表現會整合在太陽的意志、活力上**。一個人沒對準他的太陽，等於人生目標不清晰，無法為自己的目標發揮意志力、活力。

不像太陽，一個人可以活，卻活得不像自己。

裡面涉及了生命學習中的核心，僅僅只是「活著」跟「活出自己」，這是兩種截然不同的層次。我們可以渾渾噩噩、不知方向地混日子過，但永遠感覺不出生命的珍貴，也無法辨明人生的意義和自我的重要性。

太陽的存在，揭開了「我」的奧義——**我們擁有自己的使命、獨一無二的面貌、我們必須「成為自己」**。

所有人都是這樣的，一開始都很困惑，對世界充滿新奇，卻不知道自己是誰，因為好想知道「我是誰」，成長過程中不斷對焦、嘗試，漸漸找到了方向。有了目標後，帶著一股渴望和活力，一步步展現能力、驗證並實現，即使遇到巨大的挫折、痛苦，浮浮沉沉之中，最終完成了自己的期望，得到成就、登上榮耀的舞臺，「我」被肯定了、「我」被拼起來、完整了。

人類傳述的故事中，恆常圍繞在主角千辛萬苦、歷經重重考驗的旅程後，贏取聖杯的英雄主題，因為這是生命自身的經驗，也是我們最喜歡的遊戲、最愛的課程。

經歷並獲得自我圓滿，達成物質和精神的所有目標，是我們來到地球的重要原因之一。

理解太陽，太陽系之旅的首要任務就被揭密了。

我們得成為自己、圓滿自我。「我」這個概念，到底會是什麼面貌？這一生到底要怎麼做，才能展現出太陽之光？小時候的我，想當總統、醫師、太空人，這就是我們的太陽樣貌嗎？太陽與它的星座、座落的宮位等，到底能給我們什麼提示？

其實總統、醫生、太空人這些兒時的志向，是一種內在投射。回想小時候，當我們看著身邊的人事物、聽著大人的描述、沉迷在電視、電影、電腦、書上的故事時，總有某些人、某種職業的形象深深抓住我們的眼球。對大部分人來說，這些志願未必有現實依據，也未必與我們的能力相符合，當下，我們是被那個人、那個職業獨特的魅力、氣質、意義感所擄獲了。

重點不在具象的職業，而是背後所屬的特質與意義。事實上，**太陽星座點出的是某種原型，太陽座落的宮位，則是原型發展的主要場域。**

## 目標、能力與成就：探索靈魂的自我期許

有些占星書會附上太陽星座適合的職業類型，並不是說巨蟹座一定要當保母，金牛座一定要去銀行工作，何況現代社會分工細密，所衍生出職業之複雜，再也無法被輕易定義。如果太陽象徵了英雄及聖杯，太陽星座所描述的並不是特定職業，而是某種英雄性格、能力、意志力、精力的原型，以及所追尋的成就原型。

以巨蟹為例，情感、連結、戀舊、向內感受、母性、照顧、自我保護、防衛等是星座基本特質，太陽落在巨蟹，表示這些特質尤其展現在他們的能力、意志力作用的地方，也會出現在憧憬的目標、成就上，形成太陽原型。

在太陽巨蟹的心中，英雄不會是充滿殺戮之氣的冷血將軍，或企業中老謀深算的老總。這不代表他們討厭或缺乏力量成為將軍或總裁，只是太陽巨蟹的朋友必然帶著情感、照顧、防衛的原型，如果有機會當將軍、總裁，這些太陽巨蟹會因為情感，也會帶著情感做這些事。他們的殺戮之氣，是基於

家國民族之情，看著族人被侵略、屠戮，所以立誓要敵人血債血償，熱血沸騰地保護家園；他們的成就，除了錢和權位，更深的底層必然連結著一分獨特的情感，為了父母、家人、族人，也為了一生的愛與守護。

**太陽星座能使我們探索每個靈魂最深的渴望與自我期許。**要真正了解太陽，勢必從這樣的角度進入，才能觸及它的核心。

若再加上太陽的宮位，這個原型就更加生動了。例如太陽巨蟹落於二宮，這位朋友會從事一份獨特的事業，展現他的溫暖，尤其在居家、母性主題上，這份事業肯定能得到實際的回饋，為自己和家人累積物質上的安全感；太陽巨蟹若落於十一宮，則打開了太陽想守護的對象，一分充滿情感，並貢獻廣大群體的理想，會是自我實現的起點。

所以，**太陽不會是單一的人格型態，更不是某種標籤**，例如善良、算計、愛八卦、外向、害羞……又例如，太陽處女的重點不在龜毛，太陽魔羯也不必然成為苛刻的老闆。我們得深入了解太陽星座所富含的原型特質，並理解該如何展現在自我目標及如何表現上。

需要強調一點，理解原型，並不是要一個人「符合」原型，反過來，我們得想想：**你為什麼要「選擇」這個原型？**

假若你是太陽處女，就得想想，心靈深處與處女座連結的原因是什麼？太陽處女的原型對你而言的最高價值是什麼？

太陽處女的朋友，可以從生命中的各個面相，發現自己在細密的規律和秩序上，有強大的嗅覺與能力，能在各種規律和秩序上整理、理解、消化、剔除雜質，應用嫻熟之後，便能輕易操作專業，生產出高品質的成果，服務社會、眾人。不管這位太陽處女是便利商店店長、公務人員、家庭主婦、學者、建築工人，這一生只要能不斷展現這樣的原型，感覺自己朝這價值精進，就能感覺內在跳動、歡呼著：「這就是我！我把自己的獨特面貌呈現出來了，我做出成果，讓自己感到光榮、圓滿。」我們與自己的太陽星座裡所蘊含的原型和價值高度共振，靈魂落實了約定，這就是人生的聖盃。

所以一位太陽處女的朋友，若只呈現出潔癖、龜毛的特質，把生活和工作搞得麻煩又封閉，不管他人或本人都會很挫折，因為那不是太陽真正的方向。沒有任何一個崗位或群體位置讓自己可以發揮、貢獻、被肯定、得到成就，太陽是沒有辦法被完整的。

## 父系脈絡：陽性力量的深刻傳承

從陰陽二性的角度來說，積極、充滿活力、向生命目標前進的太陽，必然是內在陽性力量的展現。在西洋占星裡，這股陽性力量是一種傳承，與父親的特質或父系家族的傳承有關。

太陽道出了生命中冥冥不可說的機緣。這分傳承，並不是傳承了完美，因為每個人未必有位充滿智慧、豐盛、能力十全的父親，然而我們卻「完美」地承接了此生相應的道路。從父親或父系脈絡而來的種種特質、模式，即使是虧缺、弱點，都展現了生命在此生的企圖和想圓滿的方向。

譬如太陽十一宮的人，父親可能在公家單位服務、在學校擔任社團老師，或者長年參與公益，甚至混跡江湖。父親交遊廣泛，朋友五湖四海，他的經歷也許有好有壞，但開闊、充滿義氣的行事作風、友朋滿天下的型態、對社會的理想性，都會留下深刻的印記。

太陽處女朋友的父親，則多半嚴謹、細心、謙虛、有專業技能、為人付出的能力，但實際上也可能並非如此，反而是個一事無成、懶散的酒鬼或凶悍魯莽的人，但是仔細推敲，也許父祖幾個世代都是勞動階級，曾經是勤懇討生活的工人；或是父親年輕時曾有一技之長，後來落魄了；抑或父親外在表現是一回事，但內在的確有種細緻、規律、愛服務的特質，只是很少表現出來。

無論如何，太陽的質地不曾消失，在父族中輾轉存續，最後在自己身上發出光來。這是一條長遠的道路，帶著群體的能力、期許，還有遺憾，裡面有成功的演示，失敗經驗更是不少。但看著前方父親的身影，我們知道自己並不是從零開始，所有的努力都踩在父族的基石上，甚至於現實裡，父親造成的破壞大於建設，我們也都能從他們的身影，避開錯誤的路徑，而得以選擇。

每個人的生命經歷都太獨特了。有些人未必見過自己的親生父親，有些人歷經過好幾位父親，即使與親生父親無緣，依然會碰到繼父、舅舅、伯叔、大哥等，這些元素也會在這些代表人物上閃現，甚至長大後，他的老師、老闆也會有類似的質地，**對盤主而言，關係重大的男性、陽性代表人物，都屬於太陽的範圍。**

好似先天的劇本自然會召喚相應的角色，這些人物聚合在太陽象徵中，依然在一個群體或傳承的脈絡中，襯托出太陽的主題，形成一條深遠的英雄之路。

## 榮譽與群體位置：在群體中，綻放屬於自己的榮耀

太陽與「自我」有關，它是一顆特別注重個人實現的行星。然而，拉高到父系脈絡這個層面，我們會知道，太陽不是從石頭蹦出來、與他人不相關的存在，它的脈絡淵遠流長。

乍看之下，太陽強調展現個人，但其實極端個人主義在太陽這項議題中是不相通的。我們的太陽既能追尋出父族或特定代表群體的足跡，反過來，

**當我們要向外展現太陽時，也會循線開展出一大片與群體交錯的脈絡。**

每個太陽都想要發光，但能發多強的光、有多大的空間能讓你發光，不只是意志力和能力的問題，這是一個自我與群體相互參照的結果。譬如太陽巨蟹想要連結、保護、照顧，這是他的英雄原型，而能力決定了這位太陽巨蟹能保護照顧多少人、多大的範圍，實際上，還得參照他所處的群體是否能辨認、接受他的照顧，是否有一個適當的位置，能讓這位朋友展現他的能力。

當然，雞生蛋、蛋生雞，群體要認出、接受他的能力，或給出一個位置，必須由這位太陽巨蟹一路慢慢嘗試，他有多大的格局、眼光，願意磨練出多深的能力，一路上就得貢獻出他的能力，不斷學習、校正，使得自己逐漸嶄露頭角，獲得更大的機會展現自己。

所以，對任何人來說，太陽的聖盃之路、英雄之旅，都不容易。太陽這個「我」，一路上會遭遇各種「他人」「人們」，不然這位英雄沒有著力點，聖盃也沒有意義。就算是另類搞怪又天才的太陽水瓶，一個人跑到無人島上進行發明，他也需要資金，而且他的發明也得對人們來說別具意義；或者獨立自主又保守的太陽金牛，只想安安穩穩地過活便一生足矣，然而避開人們，他賺不到足以過活的錢，也感受不到自己最想追尋的價值。

所有的小我，都不喜歡他人或群體的「干擾」，但**偏離群體與自我之間的相互參照，太陽將找不到出路，而陷入自我幻夢的破碎，走向毀滅**。任何一張星盤中的太陽，如果走向極端的自尊自大，或縮小成只顧自己就好，都是很可怕的。就像太陽金牛，可以是創造經典的設計家，也可以是苛薄封閉的小氣財神；太陽水瓶，可以是打破傳統思潮的政治學家，也可以是製造對立的偏執狂；太陽五宮可以愛現、愛玩，自我中心地過活，也可以成為一位充滿魅力的領導者。

太陽真正的光榮，不在於能發出多強的光，或者拿到多少金錢、名聲、權位的回饋。

「成為最具光芒的自己」的確是太陽的期望，但這句話囊括在一個大系統之中，它是一個高度完整、有機的整體，彼此需要、相互協作，這當中的一大特徵是，**每個太陽都是獨一無二的**，即使是雙胞胎，太陽落在同個星座、擁有相同的宮位、相位，都會依循個人的意願與群體的關係、能力的展現，而形成獨特的樣貌、特定位置，所以無須，也無法和他人比較。沒有了比較，也無所謂「你的光更強，我的光太弱」這種自我價值的衡量與定義。

每個人只能在一生中，盡可能地將自己的太陽一層層地展開，往最大可能性、最高價值的目標邁進。

## 燃燒：照亮他人的同時，你感受到了自己

那麼，什麼是最高價值的目標呢？太陽的成就可以奠基在金錢、權勢、名聲上，但這樣的太陽，是把價值附屬於物質上，物質成就會增減、會擁有、會毀敗，只能不斷地去追、去要，老了都得放下，最後太陽終將忘了自己最初的渴望——**「成為自己」**。

「我」不是獨指這副軀殼，金錢權力也無法代表我。永存的只有精神意識，而**太陽的最高價值必然是精神性的目標或成果**。

每個太陽星座都環繞著原型，有著自己的精神目標。但所有太陽都具有相同的行星意識，指出同一個精神性方向——「燃燒」。陽性力量是一份運轉不息的力量，就像天上的太陽，在它的崗位上，日復一日地光耀大地、運行不歇。太陽不只是一份職業，更是一份生命承諾，不論大小，在相應的位置上，承諾好好做下去，把自己貢獻出來。

太陽是燃燒的。不是為了燃燒自己、照亮別人，是因為燃燒，才知道自己的存在，照亮他人的同時，你感受到了自己。

用太陽的角度選擇工作或人生道路，我們的眼光就會從工作時數、休假薪資之間的性價比提升了。我們看重的是這件事、這個職位是否有空間讓自己沿著精神軸心持續成長、實踐自己與群體利益的最大可能，使自己奮力投入。

即使一輩子守在默默無聞的位置上，奉獻了一生，這個太陽依然是發光的，因為它知道為了自己、為了群體已盡了一分力，它兌現了承諾，燃燒到最後一刻。

**這一道道的光看來微不足道，但千萬、億萬人的能量融合起來，就形成一顆能賦予萬物生命的大太陽**，人類真正的命脈來源其實在這裡，而且世代相承。

最初我們從太陽中得到生命，燃燒後又將光與熱給予出去。因為跳出了自我的窄小界面，我們贏得了光榮、尊嚴。這分榮耀歸於己，也歸於整體。

我是誰？這一刻，我定義了自己。

| 太陽星座 | 能力、意志力特質 | 自我核心目標 |
|---|---|---|
| 牡羊 | 本能、直覺、純真、主動、勇猛、攻擊、爆發力、快速。 | 開創、行動、領先、表現力量、生存。 |
| 金牛 | 穩定、堅強、耐力、存有、緩慢、高感官力、品味、美感。 | 務實、生產、累積、追求質地、維護價值、美、忠誠。 |
| 雙子 | 好奇、機靈、快速交流、學習力、變化、適應、敏捷。 | 交流溝通、傳布訊息、展現多元、運算、學習、人際力語言表現。 |
| 巨蟹 | 情感細緻、敏感、同理、包容、溫暖、保護、依戀、安定。 | 情感連結、感受、照顧、守護、建立安全、維繫家庭、展現母性。 |
| 獅子 | 創造力、渲染力、自信、積極、慷慨、熱情、開朗、理想性。 | 創造、榮譽、領導、統治、展現光芒。 |
| 處女 | 規律、秩序、細節、分析、精準、清理、簡樸、勤勞、服務。 | 務實、操作、追求本質、維護精確、成為專業、服務、學習與研究。 |

2-1 太陽十二星座的能力與意志力特質、自我核心目標

| | | |
|---|---|---|
| 天秤 | 客觀、二元觀點、對應、協調、公平、平衡、搭配他人、溫和、美感。 | 接引、連結、輔助、合作、平衡落差、追求公平、和諧和平、展現均衡之美。 |
| 天蠍 | 情感濃烈、潛意識活躍、穿透、挖掘、控制、占有、堅定、凝聚、爆發。 | 情感融合、精神操作、試煉、探索潛意識、洞悉人性、追尋神祕、蛻變重生。 |
| 射手 | 探索、追尋、自主、擴張性、樂觀、率直、大膽、前瞻性、哲理性。 | 追尋真理、向信念前進、自由、擴展、研究、引領。 |
| 魔羯 | 結構、掌控、服從、紀律、保守、擔責、踏實、穩定、謹慎、成就導向。 | 務實、建造結構、管理、成就、獲取社會價值、傳承經驗。 |
| 水瓶 | 理性、疏離、靈敏、迅捷、獨立、自由、多元、顛覆、另類、群性。 | 創新、超越、前衛、打開框架、改革、平等共存、自由獨立、展現高階理性。 |
| 雙魚 | 同情、共感、柔弱、吸收情緒、犧牲、無私、想像力、直覺。 | 大愛奉獻、利他、心靈覺醒、靈性學習、療癒、創作藝術、追尋夢想。 |

| 太陽宮位 | 自我成就途徑 |
| --- | --- |
| 一宮 | 個人特質鮮明，期望在領導角色上備受愛戴，或者被外界注目，成為群體焦點，獲得成功。 |
| 二宮 | 期望經濟獨立，在物質金錢上有可觀收入，或透過累積具體的成果，以建立自我價值。 |
| 三宮 | 在交流上具有主導力，善於智性學習、識見多元，能掌握知識及訊息交流、引動，從事傳播、教學。 |
| 四宮 | 重視生命基底，能傳承、發揚父親或家族精神，期望建立歸屬、尋回根源，探索自我內在。 |
| 五宮 | 充滿熱情、魅力，投入生命，期盼展現自我的獨特性、贏得資源，特別能在興趣、創作上收穫成果。 |
| 六宮 | 工作上精力充沛，重視工作規律性、身心健康議題，期望主導各種細節與運作模式，高度服務精神。 |

2-2　太陽十二宮位的自我成就途徑

| | |
|---|---|
| 七宮 | 藉關係映射自我、定義自我，重視互動、對應與陪伴，以此在關係中成就自我，或反之在關係中成為帶領者。 |
| 八宮 | 熟悉人性、欲望強烈，具有連結資源的能力，特別能在金錢、深度關係中融合、蛻變，或經歷黑暗、重生，深入神祕領域。 |
| 九宮 | 高度精神傾向，期盼擴張生命、追尋生命意義，從信仰、高等教育、異國文化中獲得洞見，從事研究、精神導引。 |
| 十宮 | 期望得到明確的社會地位、權威，收穫社會名聲、榮譽，能主導事業管理、發展野心，目標導向鮮明。 |
| 十一宮 | 深受群體薰習，具有群體影響力，期望透過團隊領導的位置或緊密參與，獲得團隊榮譽、實現理想。 |
| 十二宮 | 有自我消融、退隱特質，透過隱修、靈性探索、幕後服務，潛意識浮現、轉化，清理自我業力。 |

第三章

# 月亮

基底，
扎在過去裡的根

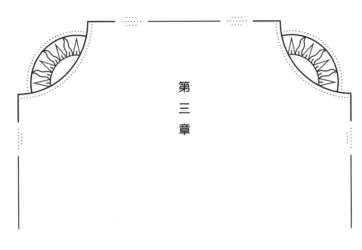

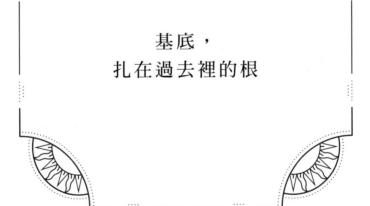

## 行星意識

基底／安全感／底層需求／過去與慣性／母系脈絡／愛與照料

月亮與太陽在占星學中並列為發光體，可以想見，在電燈出現前的世界，人們白天仰望太陽，夜晚棲息在月光之下，這兩顆天上發著光的星體，是數千年以來天空中的兩大指引。

等到天文學發展逐漸成熟，我們發現，月亮原來是地球的衛星，在太陽系星體中，不管是它的大小、位階，都排不上前幾名，連天文所定義的行星也不算，卻一點也不減它的重要性。

### 基底：與生命的安定、規律息息相關

星盤中，太陽和月亮一陽一陰，就像銅板的正反面。我們通常能理解太

陽的關鍵地位，它的光與熱是萬物生長的能量來源，卻很少想過月亮對地球生命的重要性。

夜晚的月亮，好像僅象徵著神祕，可能還會聯想到巫術、原始力量，有時更與災難的預示連在一起。但事實上，月亮對地球的影響，遠超過我們的想像。月球受地球引力的拖曳，而被牽制在地球外圍，從另一個角度來看，月球的存在，也框界了地球的存在，主導人類的生存與發展。

月球每二九．五三天環繞地球一圈，是古代時間週期的重要依據，農業社會依曆運轉。月亮促成了地球所有生命的脈動，隨著陰晴圓缺、潮起潮落間，生命最重要的元素——水，從江海乃至生物體內，如同受召喚般，起伏漲落，那也是生命最初的氣息。

想像蜷縮在子宮羊水中的胎兒，這幅充滿水的圖像，正呼應著占星中「月亮」的意象。

占星學中的月亮，有別於太陽所代表自我外在的發展，與我們生命內在的基底、安定、規律有關。

## 安全感：早期生命中所歸屬的一切

月亮這個基底，包括誕生之初到孩提時期的狀態。這個時候的我們，尚未樹立起與外界的屏障，原始而全然地敞開自己的知覺。

若我們回到初生時期去體驗一切，那柔軟的小身軀中，豐富的、沒有任何隔閡的精微知覺，遍布全身內外，我們的感受像海潮般，一波波衝向全身。當媽媽（或照顧者）在我們身旁，那些感知使我們強烈感受母親與自己的微妙連繫，感受著家庭最早的韻律——不管是狂暴、苦悶，還是和諧美妙，感受內在被激起的波瀾與他人回應，並任由它們衝擊心靈。

當時所經驗的一切，記錄在潛意識之中。這就是月亮的印記。

月亮背後有著極為龐大的內容。這些「早期經驗」由各種人與人的互動、情境氛圍，以及一切感受所構成，與生存需求有關，直接影響我們是否能感受安全、要如何才能感到舒適、情緒是否安定愉快。

透過月亮所座落的星座、宮位等相關配置，**幼年時這些心理上細微的覺**

**受或與母親之間的相處，形成各種基礎模式，栩栩如生地表現出來。**以月亮雙子為例，他的媽媽可能是一個愛講話、聰明靈巧的人，出生時或成長過程中，各種想法與聲音布滿了四周，媽媽與自己，或家人與他人間充滿了對話，四周環境甚至有點吵，家裡氛圍是流動的，常常被各種訊息刺激，有許多新奇的圖像、物品，人來人往的——這可能是他生命最早接觸到的場景。對這名孩子來說，各種聲音、多元訊息、新奇的東西、豐富對話、轉不停的想法……是多麼熟悉而自然，不管是快樂的、有點亢奮的，或太過紛亂難受都是熟悉的。

當時我們的理性系統尚未成熟，完全是本能地、直覺地、毫無阻隔地接收，所產生的效應極為巨大，所以我們不會是別的樣子，月亮所代表的一切，是我們先天「歸屬」的。

我們自然而然會成為月亮的型態，去知覺、回應世界，並在其中找到安全感。

那位月亮雙子的孩子，會期待開放好玩的體驗，只要能在任何關係、處境中感受到這些，他就會覺得舒適、安全。反之，若碰到較為固定、傳統、具有規範性的人事物，就會覺得不開心，嚴重的話，甚至會感覺窒息、難以存活。但如果是一位月亮處女的孩子，刺激、多變的人事物，反而會讓他緊張不安，對他來說，規律性、有界定和清楚規範的生活，才能使他感受安定、愉快。

**月亮之所以重要，就是因為月亮是我們這一生的「底」。**

## 底層需求：正視自己的獨特，完整自我這幅拼圖

這些孩子即使後來長到了二十歲、四十歲、六十歲，在外觀上變壯、變高、變老，以成人的思想、舉止，行走於各種社會關係、發展個人事業，但「外在」變化，不代表「裡面」也變了——原本那名脆弱、纖細、依偎在母親懷裡喝奶，或者流著鼻涕，因為各種小事而嚎啕大哭的孩子，其實未曾真正離開心靈底端。

不同的月亮配置，會有不同的需求。就像有的孩子因為沒有棒棒糖而大

哭；有的則只要媽媽抱，什麼都不要；有的每天能規律地吃飯就很安定；其他只愛玩。月亮雙子和月亮處女的需求不同，當然，需要滿滿飽足感的二宮月亮，和喜歡黏人的七宮月亮也不同。月亮讓我們正視自己的獨特，我們有自己的需求、情緒反應，無法用邏輯分析。

每個孩子都有不同的生命律動，從一開始我們就不同。不過，當我們探向更深的底端，人們又趨於一致，**需求交集在月亮本質上**。我們都是脆弱、敏感、感性的個體，不論是誰，總需要感受安全以及食物與情感的滿足，依然在得不到時沮喪、憂鬱、嶄露壞脾氣。

人很怕被掀「底」。用月亮的角度來說，掀底會把我們真實的樣子現出來，一掀開，脆弱又幼稚的寶寶形象，會使我們覺得難堪害怕、備受威脅。所以長大的我們學會轉移、掩飾，但越轉移，就越會出現各種問題。現在流行探索「內在小孩」，與月亮的療癒很有關係。

**月亮表現出人類本貌，也是心理健康的基底。你不能以理性改變月亮，因為月亮盤踞在潛意識裡。**它提醒我們，除非能正視自己最底層的需求——

感到安全、放鬆、歸屬、滿足，否則我們無法真正長大。

了解這些，對任何人的成長、自我探索，都極有助益。藉由月亮，我們能從頭梳理、完整自我這幅拼圖，重新再長大一次。

人無法斬斷過去，在月亮的世界中是千真萬確的。

## 過去與慣性：下意識地想活在熟悉感裡

月亮當然跟一個人的過去有關。

打開月亮的印記，會展開一個充滿懷舊色彩的世界，但色調卻不是黑白的，因為所有的片段，包括聲音、味道、觸覺、色彩，都還栩栩如生地在內在底層流動著。我們會下意識地尋找、親近或創造出感到熟悉的一切，不斷地重複體驗。

月亮的需求衍生出一堆習氣、慣性，我們藉此自我安撫，或去彌補無法滿足需求的傷。在作息方式、食物傾向、生活細節上，形成一套有核心、環環相扣的慣性系統。

**月亮星座、宮位和相位配置，讓我們理解每個人不同的過去，以及他的慣性面向。**即使是同一個爸媽生的兄弟姊妹，與母親之間的對應、出生的時期、家庭氛圍不同，都會形成各自不同的習性。例如哥哥月亮金牛落在五宮、弟弟月亮雙魚落在九宮，明明血脈相同，但一個任性會撒嬌、愛吃愛玩、喜歡受人關注，一個卻害羞不擅表達、不愛吃飯、最怕遇上人多，愛躲進自己的小房間。兄弟倆在同個屋簷下長大，卻不一定能相互融通。

因為理解每個人的「過去」，我們有機會對彼此產生同理、包容，心裡就會出現空間。

然而月亮意識所相應的各種慣性也有值得深思之處。**我們固然不能切割、逃開過去，卻也不能被過去所綑綁。**

**月亮與理性無關**，幼小的我們不會分別對錯，即使有不對勁之處，例如月亮雙子的媽媽總是焦慮而忙碌地帶著自己打轉、家人之間交流頻繁卻充滿煩躁情緒，或吃很多過於刺激的食物等，都是熟悉感的一部分。長大後，當我們內在空虛、挫折不安，就會試圖讓自己再次回到習慣的狀態，如：無法忍受空閒，總是亢奮焦慮，讓自己東忙西忙、靜不下來；一累就忍不住埋怨，對周圍的人使性子、釋放壓力；忙完之後，一定要吃很多口感強烈的食物、零食來安撫自己，才能放鬆。

即使後來辨認出某些慣性不健康、對自己正向發展造成阻礙，但難以修正。原因是慣性的「根」很深。

**涉及月亮的星座或相位結構，常常會形成很難解的心理模式**，如強烈的防衛、退縮、沉溺或拒絕改變，甚至將慣性辨認為真實的內在自我，認為這就是我、我就是這模樣——毫無生機，卻理所當然地待在原地，嚴重影響一個人的成長以及與四周的關係。

**我們需要有極深刻的自我覺察能力，才能一步步地把自己從沒有出路的月亮中轉化出去。**

## 母系脈絡：任何人的內在，都屬於一個更大的整體

屬於「月亮」範疇的，都是久遠的、扎進根裡的。

我們的「根」當然與幼年時的家庭狀況有關，但**最核心的關鍵一定是在母親（生養者）身上**。除了從母親繼承的特質，還包括造就母親這個人的基因、家庭氛圍、發展背景，也就是母系的歷史脈絡。例如月亮雙子的母親，可能是聰明靈巧的，帶著高智商或高溝通能力的基因，一路溯源，母系家族也許就有這些特質——交際能力強，或曾經從事商業、有教學研究的背景等。月亮九宮的母系則可能與異國有關，或具有濃厚的宗教信仰背景，心總望向遠方。

到底是先有特定的母系基因，還是因為早期經驗，使得我們展現月亮的獨特面貌？兩者都是，最後都會整合在月亮訊息中，成為我們強大的基底。

月亮的星盤布置的確能以象徵的方式，提醒我們母族族系中的關鍵模組是什麼。透過月亮的解析，能快速抓取我們從母親、整個母系背景下延伸出

的脈絡，從中提煉出重點，成為認識自我的基礎。

常有的疑問是，每個人的出生背景不同、家庭狀況形形色色，生下我和養育我的母親未必是同一人，例如有的人在外婆家長大、有的人一直住在保母家、有的則是被領養、有的小時候歷經幾位照顧者，這些「媽」都是母親，都是母系的一部分。

雖然這些母親來自四方，並無妨於月亮的展現。奇妙的是，這些生養者們，總會在一個孩子身上，呈現出相關連的特質或相處模式，彷彿宇宙早有設定，不斷以同一個頻率共振著，也彷彿所有緣分都早已與你有約定，一同奠定了此生的開端。

月亮是自我的基底，更精確地說，不是「我」，而是「我們」——媽媽與我、原生家庭與我、媽媽的家族與我。**「我」從來就不是一個單獨、孤立的存在，月亮是連結的、是依附的，任何人的內在，都屬於一個更大的整體。**

這剛好可以回應太陽的處境，太陽最講求自我發展，但它還是得放在群體中才能發展。而我們的月亮基底，更說明了人的本質是「團」式的，我們是附在一個大型的胎盤上，一層層孕化出來的生命，我有我的母親，母親有她的母親，外婆又有她的母親、家族，不斷向過去推演，血脈一路相連，最後匯聚在一起，衍生出共同的根源。

任何降生在臍帶鏈上的靈魂，都來自深刻的因緣。跟太陽一樣，我們的媽媽未必是完美的，甚至很多人的創傷就來自於原生家庭、母親，但這一條臍帶鏈跟我們的關係太密切了，裡面傳輸著我們的血液，共同的悲傷失落、滿足與愛，這些血液滋養出胎體，長成了我。

**不管是好、是壞，我們的生命基底都其來有自，不是毫無道理連結其中。**我與母親、和一切與她有關的群體，有著深遠的關連，我們必然會在某方面很像她（她們）。她溫暖無私，我也寬厚有愛；她被痛苦啃噬著心，我也帶著一身傷。

這條臍帶鏈不是要讓傷或痛苦無止境地重複，只是那「就是」我。我們從月亮裡，如實地展現出靈魂過往的故事，如果有痛、有愛，歸根到底，不是今生這個家、父或母造成的一切，而是故事本來就在了。

## 愛與照料：成為自己的媽媽

背著故事的我，順著月亮的因緣而來。但一個人不會只有過往故事，當生命啟程的同時，也將仰望自己的太陽，不斷前行。

月亮和太陽，一個在腳下，一個在前方，既矛盾又合理，同時充滿張力。我們既要堅強勇敢地走向英雄設定，但腳下的起點卻是充滿過往氣息，脆弱纖細，吸吮著各種慣性的「月亮」。如果過於依戀安全感、被過去所綁，我們邁不出往前的一步；但如果忽視腳下的土壤，不管不顧地往前衝，每邁出一步，都是對自我的撕裂。

最後就是，不管你走不走得出去，都會受制於心裡的寶寶。

就像現實中的寶寶需要細心地照顧，讓他感受到安全、被愛、被無條件接受，一點一滴跟著母親學習長大。任何人的內在寶寶若沒有得到足夠的愛與照顧，並被撫育、教養成熟，月亮能量便會陷落。心裡就會像是住了一個哭嚎不已的寶寶，投射於各種依附關係，期待他人用極度細緻溫柔的方式呵護自己，若他人無法滿足自己，便失去了活下去、獨立的勇氣。或者成為一名有著壞脾氣的小孩，沒有順自己的意就開始鬧、脅迫、發脾氣、想「懲罰」身邊的人；或是像名受傷的孩子，內在充滿傷痕，將自己封閉起來、切斷情感，無法輕易與他人連結。再一種可能，就是反過來扮演母親的角色，藉由過度付出、犧牲自我去照顧他人，成為自己期待的母親模樣，彌補內在的缺憾，重新感受母子間的親密。

現代心理學所探討的內容，很多都與月亮相關。**月亮能量的陷落，無疑會阻礙一個人的發展，影響所有情感關係**。但是，我們都已脫離幼兒期，不可能再次成為寶寶，被那樣呵護、滿足著，也不可能輕易解除與母親之間的卡點。內在的月亮寶寶要怎麼療癒？我們要如何拉拔那位無法長大，停在多年前仍脆弱、哭鬧，藉由慣性才能安定的自己？

月亮的行星意識與愛、滋養相關。談到愛與滋養，大概可以列舉出近乎無窮的療癒概念、方式、系統。在月亮的世界裡，其實只有一個核心：**寶寶**

**要安定，一定要有媽媽的照顧。**那麼，誰會是那位一輩子可以陪在身旁不離不棄、不老去的母親？是伴侶？還是其他家人？

**這位媽媽不會是別人，就是自己。**

月亮意識的高階化發展，勢必會經歷從「寶寶」變成「媽媽」的進化。這裡講的「媽媽」並不是指自己有了孩子後，身分變成了媽媽，或是基於彌補心態，不斷將四周人投射為脆弱的孩子，為他人過度犧牲的媽媽，也不是要具備某種理想化的母親技能，很會煮飯、有照顧起居的能力，或是充滿智慧與內涵。其實，都不是。這位媽媽甚至不限定為生理或是心理女性。

這位媽媽就是自己。當有那麼一瞬間，這個「我」，意識到了內在的呼喚而停下腳步，牽起內在孩子的手，那一刻，我成了自己的母親。即使這位媽媽很平凡，也不知道自己能做什麼，但她從自身中引動出一種愛，不論她的孩子是美、是醜，是聰明、是愚痴，是急切焦慮，還是永遠搞不清狀況，她都能深深地愛著。

因為愛，這位媽媽能打開她身上原本就密布全身、毫無阻隔的精微知覺，全身心地感受自己，一次次陪伴自己面對所有脆弱、挫折或不耐煩。時時刻刻陪著，讓自己想哭時，安心地哭，想笑時就笑。陪著自己，跨出自我局限的恐懼，因受傷而躲起來時，把自己抓出來，鬧脾氣時穩若泰山地看著自己。

我們成為了這樣的媽媽，就能帶著內在的寶寶，一生一世地陪著自己長大。從巨大胎盤中傳遞的血液，就是這樣的愛，一路溯源回去，巨大的胎盤就是大地，我們所有人都被大地之母承托著，都有她身體裡一樣的愛。在這股與大地同源的愛中，我們彷彿被一個隱形的大手托著，可以將自身的細膩、善感、純真展開，如孩童般自在流動、時時刻刻體會愛、直覺地感知世間一切人事，有耐心、無懼學習。同時又能安定地消化衝突，能成熟地、好好與其他人相處，而不是在受傷幻化出的各種狀態下，繼續製造新的痛苦，重複對他人、對自己的傷害。

於是，我們有了新生命。

當月亮的旅程將進入圓滿，我們將發現，那些高度發展的人類不是少數生來靈透的非凡人物，只是他們更願意、更善於陪伴自己，也陪伴走了更長更遠的路。其實，月亮這晶瑩通透的靈性載體，不早就在我們之內嗎？肉體的誕生只是開始，我們需要再誕生一次。

陪著，去孕化出自己吧！

| 月亮星座 | 情緒基底 | 內在需求模式 |
| --- | --- | --- |
| 牡羊 | 直爽、熱情、情緒來去快速、脾氣直衝。 | 需要自主、不被干擾，需要迅速滿足需求，強烈領域感。 |
| 金牛 | 平靜、情緒穩定、安定愉快、保守、懶散。 | 需要感官舒適感、物質上的穩定、滿足，緩慢節奏。 |
| 雙子 | 活潑、伶俐、善變、適應力強、逃避沉重。 | 需要新奇、多元人事訊息，需要交流、變化。 |
| 巨蟹 | 依戀、溫柔、脆弱、退縮、情緒內向。 | 需要熟悉、有歸屬感的連結，與人相互照顧。 |
| 獅子 | 開朗、慷慨、驕傲、自負、情緒表達放大。 | 需要認同、關注，需要玩樂、被尊寵，競爭感強，以掌控滿足需求。 |
| 處女 | 害羞、含蓄、謙遜、挑剔、憂慮、鑽牛角尖。 | 需要作息、身體上的規律性、清潔感，服務他人需求。 |

3-1　月亮十二星座的情緒基底、內在需求模式

| | | |
|---|---|---|
| 天秤 | 親切、體貼、取悅、無法真實表達情緒、逃避衝突。 | 需要陪伴，需要和諧的關係、優美環境。 |
| 天蠍 | 敏銳、情緒反應強烈、專一忠誠、占有、妒忌、防備、復仇性。 | 需要足夠的隱密、私密感，需要與人互屬，操控。 |
| 射手 | 率真、活潑、幽默、樂觀、誇大、逃避壓力。 | 需要自由、廣大空間，需要精神性、異國元素安頓身心。 |
| 魔羯 | 內斂、嚴肅、不擅表達情緒、悲觀、謹慎。 | 需要有所建樹、貢獻，需要被正視、鄭重以對。 |
| 水瓶 | 友善、冷靜、不信任或不熟悉情緒、頑固、疏離、隔絕。 | 需要去除情緒干擾，需要予以自由、獨立、個體化的空間。 |
| 雙魚 | 敏感、纖細、情緒化、易受影響、逃避現實、沉溺、退縮。 | 需要被接納、被拯救，需要與眾生交融，以藝術獲得安撫。 |

| 月亮宮位 | 安全感途徑 |
| --- | --- |
| 一宮 | 對外在人事情緒反應強烈，需要對外建立母嬰般的情感連結，渴望關注、受到認同。 |
| 二宮 | 透過物質保障、具體承諾得到安全感，需要物質上的安定、滿足，以物質取代情感。 |
| 三宮 | 對兄弟姊妹情感交流有歸屬感，能感受他人內在，善於也需要表達，習於照料同儕。 |
| 四宮 | 由家庭、自我的小世界得到歸屬，需要能撤退回自己的空間，家人關係特別影響情緒。 |
| 五宮 | 對愉快、寵愛的氛圍有歸屬感，需要和小孩玩樂或展現才藝，感受放鬆和慰藉。 |
| 六宮 | 透過勞動服務、建立規律得到安全感，需要固定的生活儀式，易有情緒壓力、緊繃。 |

3-2　月亮十二宮位的安全感途徑

| | |
|---|---|
| 七宮 | 將伴侶投射母親形象，需要溫暖，被伴侶照料，在對應關係中特別敏感、情緒化。 |
| 八宮 | 透過親密關係、性得到安全感，需要深刻的連結與融和感，直覺強、對氛圍敏感。 |
| 九宮 | 能從精神世界、異國尋得歸屬，需要精神食糧或信仰依靠，與現實生活有疏離感。 |
| 十宮 | 把安全感建立在事業、名望地位上，深受母親的企圖心所影響，需要社會的接納。 |
| 十一宮 | 從朋友、群體中得到歸屬感，需要人們陪伴，也特別受友群情緒影響，或成為群體中的照顧者。 |
| 十二宮 | 從內在的清靜感獲得平靜與歸屬，需要釐清內在情緒訊息，整理與母親或原生家庭的相關議題。 |

第四章

# 水星

## 靈動，
## 持續學習與更新

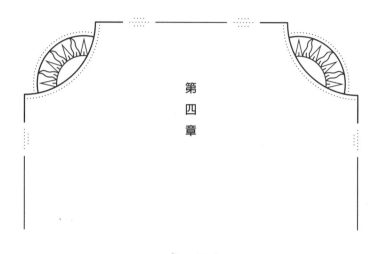

# 行星意識

管道／交流對接／開放／學習與系統更新／思慮／靈動智能

太陽系中離太陽最近的一顆行星就是水星，水星繞行黃道只要八十八天，它的速度與水星的行星意識非常相應，快速地周轉來回，正如訊息快速運作、彼此傳遞。

**本命盤是一個整體，裡面運轉著十種行星意識，以各自的特質，在特定的場域中運作任務，構成完整而動態的人類形貌。**太陽、月亮兩者一個主外、一個主內，分別做為個人生命發展的方向與基底。

世上沒有一個「我」能脫離他人生存、成長。那麼，人與人之間的橋梁是什麼？我們要如何交流？「交流」這個詞拆解開來，不外乎說話、文字、思維……而水星呢？

**水星正代表思想、語言、溝通。**

## 管道：熟悉水星特質，快速打破隔閡

從太陽、月亮的角度探索人與人之間的關係很重要，但把水星抹去，生命內部與外部的一切交流就停擺了。即使彼此的太陽、月亮型態相異，只要開啟交流，就能試著了解彼此，並認識、學習如何順利溝通，反之，再怎麼相合的兩人，若無法交流，彼此間只會不斷累積嫌隙，總有爆炸的一天。

身處現代社會的人們，如果要選一顆星盤中的行星，做為與人初步認識的基礎，不如試試水星。**熟悉彼此的水星特質，無疑能快速打破彼此的隔閡，更增交流的品質與順暢度。**

假想在陌生的社交場合裡，遇上一位太陽獅子朋友，我們感受得到這個人的霸氣、光芒、領袖感，但若要攀談起來，不一定能掌握到要領。但如果你知道對方的水星星座，便能找到一條有效的連結途徑，例如他是水星處女，一味地恭維便不會是最好的交流方式，反而要拿出「真材實料」，讓對方能在交流中收到你所表達的細心、實事求是，這位太陽獅子就會睜開他尊貴的眼，認真看看眼前的朋友是誰。

在真實天體上，水星環繞在太陽周圍，星盤中也是太陽的最佳夥伴。太陽意識總帶著遠大的目標以及要投注的核心，是星盤的主要領導者，而**水星就是這位領導者的資訊中心、搜訊兵、參謀、外交官**。它不只對外交流，也會對內交流；會向他人發聲，也會接收他人的表達。水星確保了自我訊息被接收，也奠立自我如何接收訊息。

因為水星、太陽的緊密關係，水星只可能是太陽星座前後相鄰或者相同的星座，一位太陽獅子，水星也許是處女、獅子或巨蟹。搭配起來，有的獅子所思所想較重情，有的獅子豪邁、戲劇感強，有的獅子精明、頭腦好，透過兩顆行星的貫通，更能了解每個人的差異。

歸結以上，水星是太陽的左右手，像蜘蛛網一樣，從「我」這個中心點發散出去，連結所有他人，藉此向四周發訊、收訊。

「我」，需要連結，而水星就是我們的管道。

## 交流對接：來往無阻，管道才能通暢

小小的我，不能僅憑哭鬧來表達情緒、需求；長大了，想有所成就、實踐目標的我，更需要與人交流。透過搭建管道，不斷向外擴大互動，能與周遭建立連繫，變得靈活，能學習、行使能力。

太陽、月亮都講「群」，但水星意識把這個概念轉化為「網」。這張網會高速地交流訊息，沒有一定的訊息傳輸方向，它是整體的、多方位、高密度、高頻率互通。

所以水星講的管道，不是指口、耳機能而已。有聽說障礙的朋友，可能無法順利運作身體的聽說器官，但依然有各種交流管道可以細密地搭建起來，所以重點在於傳遞交流訊息，透過文字、語言、書寫、聲音，甚至手勢都可以。

在這張網中，每個人、每個「我」，都像網上的節點。我們最好的狀態，是點與點之間完全無阻隔地彼此貫通，身上像連著一條四通八達的道路，開去哪裡都可以，而且一路暢通。水星的行星意識是對接型的，雖然它是自我的協助者，但它不只是一只擴音喇叭，其方向必然有來有往，既協助訊息可以被傳送，也有能力接收訊息。

用網路連線來比喻，線路當然速度越快、頻寬越大越好。但第一步是，裡面的訊號得有辦法對接，不能這端的線路卡頓或那端的主機訊息過不來。**來往通暢無阻，才能確保水星發揮最大的管道功能。**

在電腦的世界裡，這件事並不難，只要能確保設備間有格式化的標準，可以確認設備運作、線路設定、連接都正常，再麻煩的問題都可以解決，一旦解決了，就「通」了。

但人的水星沒這麼簡單。我們的表達裡，其實帶著大量的個人色彩，夾雜著複雜的情緒、想法，而且我們也無法「格式化」。水星所座落的星座將每個人不同的思考、溝通模式描述出來，若加上水星相位，模式更加栩栩如生。模式的存在，使得訊息傳輸管道像設置了推進器或閘門，每個管道都會特別篩選或推進某類訊息，而且有的閘門管制很嚴格，有的推進力道很猛，各形各色。

例如水星落在處女的朋友，對於訊息的擷取、表達，必然會特別瞄準於事實、細節等重點，他的思考翔實、一絲不苟，當然表達也是。若今天有個約會是和對方聊電影，別人談電影，是浮光掠影，但這位水星處女談電影，卻能聊到這是哪年的電影、導演是誰、劇中的花絮等，讓人感覺他的縝密，但有時卻滿刻板的，讓對方覺得他有點拘泥細節、不大氣，甚至使人覺得他很計較。他會注意對方的言行細節，卻有可能接收不到對方的情感需求。

同件事，如果發生在水星射手的朋友身上，一定很不一樣。水星落在射手的人，對於訊息的擷取會有個軸心，面對各種訊息，懂得大量篩選，捨去絕大部分的細節，而著重在自己追尋的核心，或高遠的意義感上。他的運算快速、善於抓取重點、表達自由不受拘束、充滿激勵性。如果他去約會，能天南地北地從電影劇情、人生意義、時代潮流……什麼都能聊，而且氣氛相當愉快。但有可能太過浮誇、談得太高遠，讓人抓不著頭緒，或者因為交流過於自在，收不到對方在小事上的在意，言語間讓對方心裡不舒服。

想像一下若某一天，水星處女和水星射手這兩位成為彼此的約會對象，過程會有多少「火花」產生？可能見面沒多久，兩人都想腳底抹油離開了。

水星的運作看來自然簡單，但要實踐它的行星意識，也就是開通管道、讓訊息順暢地流動，比我們以為的難得多。

常常我們以為自己表達清楚了，但對方沒有收到，或者對方沒這個意思，但我們就是聽到這個意思，其中的漏洞、誤差，全都會在工作、生活、關係中形成巨大的影響，所造成的消耗、資源浪費無可計數，**水星無關乎生命重大發展方向，但它卻影響我們這些重大方向是否能順利進行，或是加倍窒礙。**

## 開放：允許他人的觀點衝擊我們

現代電信或網際網路的存在，對應於水星之網的概念，是非常巧妙的映照關係。或者說，網際網路正是循著水星之網——人類與周遭交流的實況而形成。

現代科技將這張網具體實現了出來，任何人都能穿透空間時間的阻隔，快速地彼此交流、吸收資訊。想想，以前若要讀一本書，家裡都要得有點資本，不然就得需要長途跋涉、四處借閱。離開至遠方的人大概要相隔數月，才有辦法接到幾頁信紙，傳達有限的訊息。這些都不過才百年前的歷史，短短數十載，人類社會發生了前所未有的改變，現今我們所處的環境中，資訊數量、傳輸速度、交流廣度整個翻倍，甚至是數百倍。

人類的水星從未接收過如此龐大的訊息，從未連接過如此繁密的資訊系統。意味著，水星正在高速進化中，至少必須得高速進化，不然無法適應新環境。

但我們的水星進化了嗎？**水星要進化，還得先辨認出水星意識哪裡很「落後」**。

人們每天一睜開眼，就開始溝通，長這麼大好像也沒什麼問題，如前面所述，水星透過不同認知與表達模組間彼此對接。但水星的困難其實是隱藏在表層之下的地方。

我們認識世界的方式，基於怎麼接收訊息、接收了哪些訊息，然而，訊息管道又有各自的篩選系統。如果我們透過灰色的玻璃去看世界，就會認定世界是灰色的，透過紅色的玻璃，就會以為這世界是一片火紅。結果所有人都被框在個人的水星世界裡，站在自己的小角度去看一切，覺察不到自己的偏頗。

我們都有牆、都戴著有色眼鏡，但我們不知道。

水星射手忘了這世上還有陰影與失敗，水星天蠍忘了這世上還有光明，水星牡羊想不到他人，水星天秤想不到自己。如果我們從不曾自我省思，有可能以一種極為個人、毫無參照點、無法自辨的狀況，始終住在自己所定義、形塑的世界，看不到自己的盲點，辨認不出事實真相，卻以為自己的思維系統完美無缺。

其中，水象星座的水星當然更易受到個人情感、潛意識的影響，主觀性強，**但即使是風象能量的水星，也可能基於個人生命經驗、邏輯基礎，有所**

**限制**。如水星天秤的思考是和諧式的，他認知的世界裡，永遠都脫不了彼此影響、必須妥協或辛苦角力；又如水星水瓶的思考充滿突破性、不循常軌，反過來，他所認為的世界，通常陳舊僵固，使得他想衝撞一切，或是他的認知世界中，規範和限制都被忽略了。

從水星的角度來說，這世上沒有人「先天」是全然客觀的。正因為如此，**水星意識最重要的一環，就是「開放」，開放是這張網的本質**。開放，使我們有機會重新「認知」原本的認知。

開放能創造反省，但**「開放」需要自我的允許**，允許他人的觀點衝擊我們，允許自我認識自己的偏頗。「開放」也需要勇氣，願意勇敢走出自己認知的世界，也願意更多人走進來。打開視野，水星交流的力量便能整個解放出來。

**「開放」呈現在具體的行為上，就是去「聽」**。雖然水星包括聽、說兩者，但比起說，聽是接收、悅納。善用聽聞的力量，可以沖刷我們意識周邊的牆，把先入為主的顏色洗去。**不管訊息來自於誰，不斷地聽，然後一一收**

**下，而不是阻擋或反擊，這就是開放。**

對火象能量強的水星來說，這方式也許不太熟悉，那麼，就用「撞」的吧！有時候，帶著交流意圖的直言不諱，甚至火光四射地撞出去，或是讓人撞進來，都是一種開放的力量。失控的爭吵不是好交流，但真誠地、將自己的心坦開來吵，是「破牆」。怎麼都無法開放時，讓自己和他人相互撞一撞吧！

水星所座落的宮位或相位，可能增強或減弱開放的力道。例如水星在一宮、三宮，或水星、木星有相位的朋友，可能遠比水星在四宮、十二宮、水星土星有相位的人，更容易表達，也更容易向外開放。但談到去「聽」、將自己打開來接納，甚至有意識地破牆，對任何人的水星來說，都很需要練習。

## 學習與系統更新：自我能透過學習而更新

開放了，人就能學習。**「學習」是水星意識賦予我們的關鍵使命。**

教育體制的設立，常使人誤以為只有學校才是學習的場所，一旦從學校結業後，人也結束了學習的旅程。對於水星來說，這是完全沒有道理的。正規的學校教育將知識分類，按級別程度教授學童。社會需要奠立文明化的基礎，國家需要培養具有專業知識、技能的國民，這些無可厚非。但這不是「人」學習的全貌，與水星所謂的學習更是截然不同。

**水星談的「學習」，指的是「更新」。我們的命盤都有一顆水星，意味著人類是能持續更新的生物。不斷學習，就有機會改變自己。**

水星意識與人體的神經系統有密切的關係，尤其腦神經系統，這是一個潛力無窮的區域，從基礎運作到高度開發之間，腦神經幾乎有無限空間可供人類發展。神經是可塑的，不只是新知、能力、方法等各種知識系統的獲取、增強，更重要的是認知系統本身，面對人事物的特定觀念、模式，我們都能夠予以更新，改變遲緩僵固的型態，持續躍進，保持活躍的智能狀態。

**水星意識帶著永恆的變動、更新特質。**

很多人都覺得自己遲鈍、愚笨，至少某部分是如此。這肯定是一種誤解。不管水星在星盤的布置，描述了我們先天、後天具有何種缺陷、優勢，既然人人的本命盤內都有水星，就代表**我們能從某個狀態，翻新到另一個狀態**。只要一個人願意啟動水星，總能夠以全新的眼光投入生活，接受新資訊的衝擊、更新邏輯基礎，然後快速轉換自己的觀點，翻轉舊系統，適應並建立新思考、新運作型態。

這就是水星式的學習。

水星所在的宮位，是盤主最有機會翻新系統的地方。例如水星二宮的人通常是理財高手，但他們厲害的點不只是對數字敏感，他們真正的能力在於更新過往累積的所知所學，改變對物質運作，或對世俗法則的認識；水星五宮的人，擁有不斷翻新的創意，更重要的是，他們能更新自我、推翻自我流動而展開的任何阻礙。即使水星能量隱微或水星相位受阻，主動練習開放和學習，都能促使水星發展潛能。

不過，放在現實中，恐怕大部分人與這樣的期望都相去甚遠。多數時候，人們的水星都處於惰性狀態，尤其步入中年之後，觀念、想法益加僵固、學習力衰退。受到月亮的影響，我們喜歡回到安全又熟悉的舒適圈，不論是在食物、生活慣性，還是思考、表達上都是如此。人們總習慣某種思考模式，時間久了，一旦矛盾出現，就算一再撞壁、一再跌倒，也轉不出去。於是我們就會說自己老了、跟不上年輕人的腦袋了。說這話的人，很多實際年齡並不老。

的確不是老，是水星變懶了。無法更新、無法學習的結果，人也真的顯老。

## 思慮：封閉引發心智進入焦慮迴路

水星意識與個人智能有關。除非少數特殊狀況，大多數人的水星意識，只要能正常運轉、能聽能說、會思考、處理訊息，都能呈現一定的智能表現。對占星有概念的朋友，能透過水星的星座、宮位、所連結的相位等，找出哪些人的水星配置更活躍、更靈敏，盤主的腦袋通常也不錯。反之，若水星有些配置如衝突相位、逆行時，則常被詮釋為水星較容易出現負面狀態。

不過，**水星的負面表現，並不是指當事人變得愚笨、智能低下**。有的可能是指水星缺乏交流力或較為遲鈍，但在現實生活中，絕大部分水星逆行或有衝突相位的朋友，在思考運算、語言能力上並沒有問題，甚至在智力學識上的表現，比其他人還要好。

那麼，問題在哪裡？水星意識若呈現負面，**最大的特徵就是進入「陷溺」的狀態**，不管面對什麼處境、接收怎麼樣的訊息，腦袋只是不斷地在迴圈裡繞，重複地運算、排演、預想一切可能，尤其是負面的可能性。就算累了，還是不由自主地想個不停。嚴重的話，將引發腦神經衰弱或神經系統失衡。

如前所述，人的水星意識夾帶著複雜而大量的情緒，又有各自的生命經驗以及對於經驗的認知模組，以致於當人進入自我世界之內思考，所處理的一切訊息，本就容易循著原本的認知模式迴旋，加上情緒勾動——挫折感、恐懼感、威脅感覆蓋於上，使得思考深陷其中。

很會「想」、總是想個不停，並不是水星活躍的表現，在腦袋裡繞來繞去的「想」叫作焦慮。水星進入負面狀態時，特別會呈現出焦慮、思考過度、負面思考的情形。水星與火星有衝突相位的人，總陷入憤怒、被攻擊、不被理解的煩躁裡；與土星衝突的水星，思考容易進入悲觀、低落、自我譴責中出不來；與冥王星衝突時，當事人想法則老往死路裡鑽。

花了無數精力在思考裡轉，結果水星意識卻是沉重遲鈍的。

這樣的朋友多半喜歡封閉的生活，厭惡太多人事的干擾，或者一旦捲入複雜人事中，整個人就難以抽身，只能迴避人群。我們總以為紛亂不休的思考是外在人事所造成，但事實相反，水星意識需要交互衝擊、流動，不管事多事少、他人情況如何，正是缺乏交流、不願開放，導致腦袋趨於混亂、找不到出路。

正向、活躍的水星意識，像是通達四方的高速公路。內在訊息與四周網路快速連通，多元的訊息被讀取、處理，並得到大量地映照、校正、增補，最後訊息化為行動，有了它的方向，或者透過理解，訊息被歸檔、放下。這樣的水星運作清晰靈敏，卻輕鬆無比。

**越是封閉，水星越具惰性；水星越沉重，就更無法與人交流、無法學習。**這是一個難以辨識的惡性循環，所以當我們發現自己在大部分時候，都躲在腦袋瓜裡想個不停，也不想跟人互動，就得要留意了。

## 靈動智能：真正的智能表現是隨時觸發的

人們都盼望自己高人一等——高ＩＱ、高學歷、擁有滿腹經綸、懂他人所不知，永遠處在才智表現的高峰。對於水星意識來說，這並不是最高的智能表現。有些聰明人成天躲在自己的小世界裡啃書，缺乏與人交流的能力，明明很聰明，卻被冠上「書呆子」之名，這是因為只懂知識、不懂人事的結果，這個人的水星意識還是陷落的，他的知識只能用在考試上，或只為累積大量專業知識，用之堆高自我價值、取得資源，但一點都不「靈動」。

水星作用在「網」裡，它談的智能，不僅是一條條通道間的訊息相互連繫，放大來看，更像無數細膩豐富的觸角不斷延伸，能內外銜接、吸收、咀嚼、運算人類的整體面向。知識是在這網中必然累積出的成果，但知識不代表網，網存在於群體之間。**真正的智能表現是靈動的、在各種人事之間隨時隨地觸發的。**

人很獨特。雖然我們的交流或思考，並不是建基在純然的理性上，人們會哭會笑、敏感、充滿情感、人性反應，但也正因為如此，活生生的人們相互連結，裡面的訊息觸及全方位、多角度的訊息，人們若能將之整合，大腦反而激發出高度能力，同時處理情感與理性的雙重訊息，解讀或傳輸各種複雜、精巧地表達，甚至非語言的表達。

這張網的鋪展、所有水星節點間靈敏的互動，提供了每個人智能發展無窮的養分。

更大的角度來說，活躍在這張網中的水星意識們不斷對接、相互啟發，若能集合起來，進一步發展出高階化的集體智能，將為整體也為每個身在群體中的個人，造就無比貢獻。一個人的智能再發達，運算畢竟有限，但一群人的智能連結在一起，便能將所有的漏洞補上，為群體發展、生存運算出最大的合理性與生機。

早期的腦科學認為一般人腦使用率只有百分之十。雖然此理論後來遭到推翻，但就水星意識的發展而言，這形容非常貼切，大部分人的水星都還有巨大潛能尚未開發，這裡面的落差，也許正是人類集體智能未真正形成的關鍵。

**水星教會人們，聰明不屬於任何一個人，而在「我們」之間。**越封閉只會越在片面的角度上，顧小失大，漏洞百出。越多人的水星封閉、無法開展出集體的最佳運算，就越會將群體置於危險中。

人們喜歡「算命」，其實命不用找人算。**我們的生命，得靠提升自己的水星，將智能展開，才有辦法運算。**一路推算，就會知道我與他人、環境得同活，自己才能活。以此基礎，便能錨定個人當下的位置、處境、與周邊的關係，看懂群體的命運，提供一己之力，成為群體大腦的一部分，並跟隨這分導引。

處於當下的我們，亟需這樣的生機和翻轉力量，每一個人都責無旁貸。敞開、擦亮你的「管道」，水星是我們走向水瓶世界中最有利的武器。

| 水星星座 | 思考、運算特質 | 交流能力 |
|---|---|---|
| 牡羊 | 運算路徑單一、重自我觀點、單純、本能性、創造性。 | 交流直接、坦白、主觀、好辯、挑釁他人。 |
| 金牛 | 注意力集中、訊息處理慢、重實用性、價值、利益性。 | 擅以事實交流、溝通反應慢、核心價值強、固執。 |
| 雙子 | 頭腦敏捷、運算快速、訊息處理量大、重新奇、變化性、多元性。 | 反應速度快、語言能力強、愛表達、無法深入。 |
| 巨蟹 | 思考受情感影響、重視情感訊息、記憶力強。 | 情感感染力強、洞察他人、交流共感強，缺乏事實交流。 |
| 獅子 | 思考主觀、核心強大、注意力向自我集中、對大眾接收訊息敏感。 | 戲劇性表達、回應積極、需要被認可、頑固。 |
| 處女 | 頭腦細密、善分析、研究能力強、重事實精確性、規律性。 | 推理邏輯強、善於事務性溝通、保守、缺乏情感交流。 |

4-1　水星十二星座的思考與運算特質、交流能力

| | | |
|---|---|---|
| 天秤 | 思慮周密、善訊息比對、重視訊息二元性、和諧性、公正。 | 反應敏銳、表達細緻、換位思考、協調能力強、左右搖擺。 |
| 天蠍 | 思考深沉、防備、運算受深沉恐懼或欲望影響、直覺、洞察、防衛性。 | 交流謹慎、洞察力強、善透入人性、高度防備。 |
| 射手 | 思考高遠、重視意義感、信念式引導、概念性、軸心性。 | 喜愛表達、傳布哲理、交流引導性強、自說自話。 |
| 魔羯 | 思考謹慎、實際、重結構、重策略布局、目標清晰，運算速度慢。 | 交流能力弱、目標導向、不近人情、缺乏情感交流、頑固。 |
| 水瓶 | 抽象思考、理性客觀、邏輯強、思考敏捷、反情感干擾、多元性。 | 客觀角度的交流、缺乏情感表達力、抽離、固執。 |
| 雙魚 | 圖像式思考、受精微訊息影響、高度直覺、感應、想像力強。 | 交流深刻，共感共情，或者迴避交流、孤僻、神經質、缺乏客觀事實。 |

| 水星宮位 | 心智交流途徑 |
|---|---|
| 一宮 | 藉由個人的聰明、心智表現或人際互動的敏銳度，打開與世界的交流，形成自我形象。 |
| 二宮 | 關心商業、金錢，善於研究物質運作、財經等資訊，或透過才智表現來獲得金錢。 |
| 三宮 | 心智敏銳、思考活躍，表達能力強，與四周大量交流、溝通，善於傳播資訊、掌握媒體。 |
| 四宮 | 家庭中常有心智交流活動，或家庭與鄰里頻繁交流，思考深層、心智習於向內運作、向內對話。 |
| 五宮 | 熱愛心智或文字創作，透過演說寫作去表達自我、與人交流，擅長腦力、策略遊戲。 |
| 六宮 | 心智大量運用在工作領域中，擅長專精的技術知識、效能計畫，或心智積極投入日常事務。 |

4-2　水星十二宮位的心智交流途徑

| 七宮 | 八宮 | 九宮 | 十宮 | 十一宮 | 十二宮 |
|---|---|---|---|---|---|
| 透過關係中的思維激盪、交流訊息，刺激自我心智，喜歡與他人交換意見，關心他人想法。 | 心智具有強大窺探力，特別深入金錢資源、情感領域，與人交流，喜歡探索神祕或隱晦的事物。 | 富有思考研究能力，渴望理解高遠知識如信仰、哲學，將研究成果與人分享、傳授。 | 心智擅長與體制、社會運作連結，具計畫推演、組織思考力，能向公眾溝通、制定謀略。 | 透過社群來增廣見聞、交流觀念，與朋友之間教學相長，喜歡探索社會議題、成為團體發言人。 | 心智活動隱密、隱藏想法，心智受潛意識影響，易受外在訊息干擾，喜歡探索靈性或神祕領域。 |

第五章

# 金星

## 價值，
## 為生命之美而感動

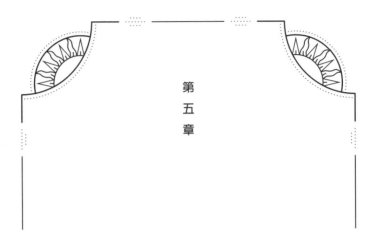

# 行星意識

感官與美／共振／愛情／價值感／人際與價值網絡／去物質化

金星是環繞在太陽系核心的第二顆行星，大小與位置都靠近地球，可用肉眼觀測。金星、月亮是內行星中主要的陰性行星。金星的特別，從名字就知道——Venus（維納斯），光是這美麗浪漫的名號，恐怕任何人都要忍不住瞧它幾眼。正如此名，它談的就是愛情、美、愉悅感，是大眾占星裡最受歡迎的主角之一。

然而，這是一顆乍見能輕易上手，但越爬梳會越複雜的行星。

## 感官與美：鑑別美，也產生喜惡

談金星，我們得從基本面開始，金星意識的基本面是什麼？是「感官」。人類具有非常豐富、敏銳的感官，具備聽覺、視覺、嗅覺、味覺、觸覺五感的我們，能充分享受自然與塵世一切的美好。在感官運作下，人除了生存、競爭、功成名就等大事之外，生命裡多了許多色彩、滋味。在金星的世界裡，一片葉子不會只是一片葉子，它有大小、稜角，是一抹初春的嫩綠，是深秋的火紅，它在枝頭上迎風輕顫，或在蕭瑟的寒意中掉落，葉子被辨識出千萬種形貌。女孩也不只是女孩，環肥燕瘦、濃豔淡雅、型態各異，有的嬌羞，有的大氣，還有的不小心一個微笑就讓千年冰雪融化，女孩也因此有了千萬種的故事。

金星凸顯了人們的感官能力，宇宙以它本來的樣子存在，但那些無窮盡的感官覺受，組合出每個人眼中美與不美的世界面貌。

美，沒有定義。但有了金星，我們不僅渴望美，還會鑑別美。**金星星座描述出我們對美的直觀、不同的美感傾向**，例如金星天秤可能喜歡穠纖合度的瘦，金星魔羯則可能會擁抱健美、豐厚的曲線。不同金星星座的喜好感，在本質上差異很大，若金星天秤碰到一位身穿破T恤、頭髮蓬亂、講話又大聲的朋友，瞬間會被震得退後三步，想辦法「再見，不連絡」，金星射手在旁邊可能一點事也沒有，開心地討論對方的破T恤，嚷著下次也要去二手市場淘寶。

對人們來說，感官對美的鑑別影響深遠，懂了美，就懂了享受，哪些人事物讓我們舒服、喜歡，我們必然趨近，同時，懂了美，便沒辦法忍受「不美」，於是人們會抗拒任何對他來說，感官上不美的人事物，例如一根綠綠的，吃起來口感奇怪又不甜的青花菜。

**喜歡的想辦法親近、重複體驗，討厭的想辦法遠離、躲避。這就是金星的原始反應。**

## 共振：細緻化，才能開發心的感動力

我們固然有先天的美感傾向、能力、喜好反應，然而這僅是一個起點，金星意識能持續發展，它可以展開的層次很深。若有幾位金星天秤的朋友聚在一起，同樣是欣賞音樂，有些人可以聽出樂曲裡微小的走音，有些人聽得出樂曲背後的心境層次，也有些人只要節奏和諧、優美就覺得好聽。

**細緻化，是金星層次中的關鍵。**

同一星座、同一宮位的金星，都有不同的細緻層次，更不要說不同的星座。例如金星牡羊與金星雙魚相比，喜歡單純、有力度的金星牡羊，感官能力可能比不上生來敏感的金星雙魚。

不過，實況更為複雜，因為金星意識能持續發展。金星牡羊若進行高度發展，有機會成為原野裡的小精靈，一陣風拂來，都能使他們全身的每個細胞打開，對一切事物有著最純真、細密、直接的感受，至於沒有特別發展的金星雙魚，可能只是喜歡採買浪漫風，或充滿動漫幻想風的穿搭。

一張星盤攤開來，光看金星的配置，很難判定盤主的金星發展程度，我們只能知道這位朋友對美的基本傾向、感官能力，當然能加上相位、宮位就能得到更多的訊息。

不管如何，即使感官接受過同樣嚴格訓練的人，細緻度依然不同。因為感官是跟著心去捕捉、感應的，也就是說，**細緻的來源不在於感官，在**

**「心」**。我們的心靈是一個共鳴體，像音叉一樣，隨時隨地向天地開放，感受有形無形的一切，若用波頻來形容，顏色、聲音、能量、氣味都是波，如潮浪般流動、充滿著。當心接收到它能辨別的波動，感受到美，從那刻起，那顆心，包括整個人，便會嗡嗡嗡地隨之振動、起伏、唱和。

感官只是媒介，在這美妙的心靈作用中擔任重要的介質，如果一個人的感官高度敏銳，其實更深層來說，是他的心非常敏銳。反過來，就算有人缺少視覺、聽覺，**只要心是打開的，依然能感受美、擁有美，不影響金星意識的發展**。因此，與其說金星意識與感官能力相關，不如說，金星是心靈藉由感官，去共振一切美好的感受力，「感動」，才是感官能力真正的作用。

金星所座落的星座、宮位呈現出心靈不同特質，每顆敏感而活躍的心靈，都有自己對一切波動的辨別方式、捕捉取向。喜歡燕瘦的金星天秤，能辨別出均衡線條之美；喜歡健美的金星魔羯，能發掘成熟穩重之美。金星落在六宮，會特別認同樸實、充滿服務精神的美；金星落在三宮，覺得靈活流動的美最可愛。

隨著細緻度增加，金星意識甚至能和更細密、更高的頻率共振，例如金星天秤為事物內在的和諧韻律而感動，金星魔羯則為精神上的厚實性而勾動心弦。

所以，當一個人的心靈極度開放、敏銳時，感官也將超脫原本的執取，從物質層面的鑑別、取捨，昇華為精神層面的共振。不需要動人心魄的聲光效果或繽紛氣味，一碗白粥，也能感覺到無與倫比的享受，這樣的金星意識已步入高度發展階段。

## 愛情：從「美」的投射，出現了「愛情」

不過，高度發展金星意識並不是普遍現象。

金星會有不打開、不共鳴的情況嗎？當然有！雖然每個人的星盤中一定有金星，但金星意識缺少發展或完全沒有發展的，大有人在。因為金星並不是一顆與生存有關的行星，是否能感動、能否細緻地感受美，並不影響生存。缺少發展的金星，常見的反應是不管對自己、他人或任何事物，感受總是很粗糙，沒有想法，也沒有特別的喜好，雖然可以順利活下去，但日子過得單調、痲痺，只有強烈的感官刺激才能有所感覺。

對一般人來說，感受粗鈍並不是什麼嚴重的事，但如果渴望品嘗生命的滋味、活出生命的質地，甚至實踐靈性，金星意識發展不良是很嚴重的問題。因為感受粗鈍，意味著心靈也是。我們沒有了覺受和感動、沒有能細細咀嚼一切的內在，即使賺很多錢、生活富裕無缺，但心靈將嚴重貧乏，甚至可能因毫無發展而萎縮。

不過，再怎麼粗鈍的人，沒有細緻的感受、沒有對美的需要，也迴避不了愛情。愛情像一場感官連結心的極致饗宴，帶來令人無法拒絕的美，於是愛情成了對普世而言，金星的最大主題。

事實上，很多行星都跟愛情有關，例如基於成就與仰慕的太陽之愛、安全與撫慰的月亮之愛、拯救與憐憫的海王之愛、欲望的火星烈愛……每個人會因不同的理由進入愛情。至於金星的愛情呢？金星的愛情像是愛的入門，那是人們體會心弦共振的大好機會，我們的感官會被激化，心靈變得敏感又脆弱，對於愛的渴望，一下子爆發而出，擋也擋不了。

從金星來解讀愛情，其實人們原先追求的不叫「愛」，叫作「美」。**我們之所以體會到愛**，**是因為心感受到極致的美**，對方的笑、一舉一動、言語、個性、想法、身上的氣味……人在愛情裡，尋找金星所共振的每個面向，並深受觸動，極致的愉悅感讓我們想要一直看到對方、牽著對方、交纏著對方，用全身心體會，希望時時刻刻沐浴其中，為之顫抖、歡呼。

金星星座或宮位不一定能解答「愛」是什麼，但它能說明什麼樣的美讓我們感動？我們在他人身上投射了什麼樣的美好，使我們感受到愛情？金星天秤可能愛上一個中性、纖細的對象，因為他不過分陽也不過分陰，一切「剛剛好」，也有可能愛上一個社交能力強又優雅的人，因為他各方面的應對都很「均衡」。「剛剛好」「均衡」都是天秤的特質，而金星天秤讓我們對這樣的特質產生強烈共鳴，並投射在一個有緣分的對象上，然後「砰」地一下，我們心動了。

這些理解很重要，我們可以去對比兩個人的金星星座、宮位，藉先天的傾向，找出彼此所欣賞、投射的事物，創造出兩人觸動的機緣，更能因此真正了解、接納關係中的自己與他人。

不過，金星的基礎是感官，而感官是會疲乏的。雖然金星會想辦法一再品味自己喜歡的，但再好吃的食物，也會有吃膩的時候，即使喜歡，也會有逐漸麻痺的一天，尤其投射的對象是一個活生生的人，沒有任何人會是完美的金星代言人，人會吃喝拉撒也會老，他或她總有些缺陷會暴露出來，最後，愛情的滋味就在日常中被磨去，人倦怠了，終將失去當初的愛情感，需要重新體驗新的共振、觸動。

難道人們就得這樣不斷更換關係，以滿足愛情感嗎？也未必。這世上也許沒有完美的情人，但不代表我們無法體會一段長久、完美的愛情。在金星意識的高階版本中，心靈的細緻化發展，使得我們越有能力去感知內在的美，即使感官的刺激感消退了，卻能打開更深層的感受力，不管是什麼樣的金星，都能靜靜享受生活的一切。即使他或她並不完美——卸了妝的臉、急躁的個性、忘東忘西的記憶力……都能細細品味來自另一個人的陪伴，在當中感受到溫度與悸動。

這樣細緻的感知，能帶來最大的善意和接納，也會發射出高頻的振動，進而使對方感動，如此不斷地正向交互作用下，愛出現了，這裡的愛是超越表層感官的。於是，從金星的體會，我們逐漸邁向真正關於愛的學習。

## 價值感：不管是否被挖掘出來，你永遠是宇宙中的一顆寶石

金星不僅會捕捉外在一切人事物的波動、頻率，並回應、共振，反過來，金星也會由內而外地發射波頻。

例如金星天秤的人不僅會喜歡優雅的人事物，個人也會發射出優雅、均衡的美，呈現出天秤式的衣著打扮、舉止，或將天秤式的美，藉由各種作品表現出來，或者金星在三宮的朋友，會呈現出活潑、親和、溝通靈巧的可愛樣貌，帶著好歌喉。

原因是一樣的。金星呈現出美感原型，我們既能藉此原型捕捉共振的波頻，也會比照原型來表達自己。有趣的是，當我們能在自己身上、作品展現

出美感原型時，我們也會對自己「嗡嗡嗡」地共鳴起來，這個振動將帶出一種重要感受——**價值感**。

想想這則小故事：早上洗漱後，金星天秤的她戴上對比式耳環，並套上淡雅、合宜的衣裝、一雙能完美呈現身形的鞋子，在鏡子前稍微整理了一下，走出門，在那一刻，她聽到內心的自己悄悄地說：「還不錯，滿美的。」心情頗為愉快的金星天秤輕巧地步入一間街邊早餐店，她微微點頭，優雅而客氣地說：「早安，你好，我要一份吐司。」對方也點了頭，報以親切的微笑回應。美好的早晨開始了。

其實，這是一段再平凡不過的日常場景，起床、穿衣打扮、出門、點早餐，但由於美感的表達，這位金星天秤的朋友，不僅感覺到愉悅，更因為這樣，她感覺到自己很美麗、充滿價值感，早晨的陽光不只是陽光，而是打在自己身上閃閃發光的。

對金星意識來說，價值感就是這麼簡單。

但，如果真的那麼簡單，怎麼還會有那麼多人的自我價值感不足？

雖然每張星盤都有一顆金星，但未必能自然表達某種原型之美。也許先天外觀條件不足，或是後天欠缺環境薰陶、缺乏資源去打扮自己，或是沒有閒情逸致發展才華。

我們永遠感覺自己「不完美」「不美」，認為「美」又不能當飯吃，或者「美」是別人家的事，跟自己這隻醜小鴨無緣。金星、土星有衝突相位的人，是上述典型的代表。感覺自己不美，不是最大問題，但越不在意或放棄金星意識的發展，就越會感到沒價值感，久了也就越難自在地發展金星。

要擁有價值感，真的如此困難嗎？真相是，**每個人都是宇宙獨一無二的作品，無關先天的美醜、才華、後天資源的多寡**。像埋在岩壁中的礦石，有的被挖掘出來，經過細細地雕琢，光耀奪目，有的還在雕琢過程中，有的甚至還在岩層中還沒被發現。其實有沒有被挖掘、被雕琢，寶石一直是寶石，在宇宙的眼中，無損它的珍貴性。

但我們需要自我辨認，也需要發現自我的美好，**礦石的挖掘者、雕琢者、鑑賞者，都是我們自己**，不管你是金星天秤還是金星魔羯、金星落在三宮還是十宮，我們最終都得發展出細膩的心靈，不斷向內映照品味自己，發覺那分屬於我們的美，並不斷打磨，將這分美從自身呈現出來。

這樣的美可以從你獨一無二的樣貌、與人的關係和才華，甚至生活的一切面向中被表達，當你能與自己共鳴，便能懂自己的珍貴與價值。於是，你懂得愛自己。

## 人際與價值網絡：共振之網中，體會並懂得衡量價值

每個人都帶著各自的金星意識，強力或微弱地發射著屬於自己的魅力，人和人之間形成了綿密的共振網絡——我被你共振，但你不共振我，或彼此共振。

水星讓人們有能力交流，而**金星是人際社交的基礎**，藉由金星的共振與發射，人們相互吸引、排斥，形成各式各樣的交誼、連結。從網絡的回響、他人的反應中，我們也會去衡量自我和他人的價值。

身處其中本來挺有趣的，但大部分的人因為無法自我共鳴、辨認自己的

價值感，使得這套系統讓我們患得患失。若無法從網絡中探測到自己被肯定，就越加缺乏自信，反之，若曾因某個表現得到正面回應，就會忍不住以此迎合他人，以增加自己的價值感，得到所有人的喜愛。

不管金星是什麼星座、宮位，本質上都會如此。金星期待人們喜愛自己，即使是金星牡羊、金星水瓶，強調自我力量之美、另類之美，依然期待他人喜歡自己獨特的美好，只是沒有那麼善於討好，但論及贏得他人的關注、讚美、愛慕，沒有一個金星不在乎，因為我們**若能共振更多的人，就能擁有更多的價值**。

在人際網絡中擁有更多價值，可不只是一個概念或感受，它可以直接轉化為資源，尤其是金錢。其實整個商業社會的運作充滿金星的力量，它不是只能讓人陷落在追逐金錢的情況，這股力量像面鏡子，使我們有機會將美的潛能展開。例如，一位金星牡羊的朋友開了間健身房，除了把運動專業做好，還得重視店內的美感、研究體態的奧祕、如何與客人交朋友、交心，才能引發更多的共鳴、培養長久的客戶群。這過程中，因為價值網絡的回應，這個人有機會更加展開金星牡羊的細緻面，學習感受他人。

但如果一心一意只為了金錢、為了快速獲得他人喜愛，不管哪種金星都能造作。我們能模仿，也能裝出一種可愛、有魅力、歡愉的樣貌，或創造出某種商業形象，迅速抓住他人眼球，讓人認同，但無法透過偽裝使人感動，從這邊岔出去，只會越岔越遠，當人離自己越遠，不管拿到多少金錢，價值感都是破碎的。

## 去物質化：能品味一切的心，成了美的本身

金星意識與物質的關連非常深，因為金星喜愛美，總是近美惡醜、沉浸在享樂裡。一旦藉由共鳴，有了價值就會評斷好壞，想要更多的價值，更想要永遠占有優勢。這些都是物質化的發展特徵。

金星發展不良的人，感受粗鈍，但金星有所發展的人，也常常是一批愛美、拜金、浪費、外表漂亮但內在價值感匱乏的朋友，不斷追求物質的極致，認定一身時尚、出入頂級，才能立於不敗之地，習慣將感官浸泡在滿足

裡，好吃、好喝、好玩，眼前的一切都要取悅自己。

金星在初期發展時，很難避免物質化的發展。人就是這樣，一旦感受過舒適、愉悅或被讚賞的價值感，就會不斷地想重複，而且越快速、越簡單地獲得越好。就好像小孩都愛吃糖果，不喜歡吃平淡無味的米飯，因為糖果含在口中就能嘗到甜蜜感，但真正有營養的卻是米飯，而且細細品嘗才知道，米飯其實也有股清甜。

金星不成熟時，就像是貪吃糖果的小孩。人和世界之間，變成了享受者與甜點的關係，有閒、有資源，最高志向無它，就是享受世上眼所見、耳所聽、舌所嘗、身體所觸的一切美好體驗，反之，為了保持自己的價值，致力讓自己美麗性感、充滿魅力，無非就是成為可口的甜點，能勾動四周垂涎，被標上高價，價錢低的還會妒忌價錢高的。

偶爾品嘗甜點或成為甜點，挺有情趣也補氣，但終身鑽入其中，越鑽越深，只會使我們淹沒於物質化的漩渦中，終將抑制金星的發展，永遠只能當個小孩。時間久了，心越來越粗糙，最後長了繭，再也觸動不了。物質化的金星很怕年老，因為這樣的自己再也不甜了，也沒有精力再嘗甜。**但最大問題不是肉體的老，而是心的萎縮。**

美，走到極致，只會越來越趨於樸質、無形。感官所能捕捉的形象、滋味，實在太有限、太短暫了，我們再也無法滿足於此。即使形衰敗、消散了，心仍能品味、仍在感動。

什麼是好，什麼是壞、什麼是美，什麼是殘，當我們進入高階的共振狀態，用心體會一切，老人眼裡的滄桑與釋然，就能如清流穿過全身，使我們感動得久久不能自已。我們能在最小的美好，甚至是不美好中，感受快樂。

無須擁有精雕細琢的產品、體驗、另一個刺激的青春肉體或戀情，才能使我們驚喜、讓心情飛揚起來。那顆細膩，不斷體會、琢磨美的心，最終使我們自己成了精雕細琢的本身。

我們成為了美——自在而無比深刻地享受生命，沒有了匱乏，再也沒有什麼能阻止自己，從追求美到真正去愛。此刻，我們不僅能描述，也終能體會金星。

| 金星星座 | 美感特質 | 愛情傾向 |
| --- | --- | --- |
| 牡羊 | 活躍、領先、光明、原創、陽剛。 | 情感直覺、主動，喜歡強勢、獨立對象，肉體式或競爭式情感。 |
| 金牛 | 飽滿、豐腴、優美、舒適、古典。 | 情感忠誠、持久，追求情感穩定、保障，占有欲強。 |
| 雙子 | 輕快、新奇、多變、多元、年輕感。 | 對情感好奇，喜歡聰明、互動強的對象，追求多采多姿的情感。 |
| 巨蟹 | 溫暖、甜美、安定、居家感、親密感。 | 情感細膩、敏感，追求安全、穩定，期待進入有承諾的關係。 |
| 獅子 | 華麗、尊貴、強盛、耀眼、戲劇感。 | 情感強烈，喜歡出眾的對象，受讚賞而激發情感。 |
| 處女 | 簡約、清淨、整潔、規律、俐落、細緻。 | 情感壓抑、被動，喜歡嚴謹、品質高的對象，實質付出、不擅表達。 |

5-1　金星十二星座的美感特質與愛情傾向

| | | |
|---|---|---|
| 天秤 | 優雅、和諧、精緻、節制、合於尺度。 | 情感柔和，追求和諧、體貼、心靈互動的關係，取悅對方。 |
| 天蠍 | 隱密、激情、欲望、陰影、深邃感、窺視感。 | 情感敏銳、情欲旺盛，喜歡性感、激烈的親密對象，強烈占有欲。 |
| 射手 | 高遠、宏大、奇幻、抽象式、異國感。 | 情感直接、開放，喜歡大方、爽朗、理念相同的對象，有異國緣。 |
| 魔羯 | 保守、穩固、成熟、正式、端莊。 | 情感壓抑，追求成熟年長、有社會地位的對象，情感物質化。 |
| 水瓶 | 多元、另類、刺激、獨特、前衛。 | 情感高度自由，喜歡獨特、不尋常對象，突發的情感。 |
| 雙魚 | 夢幻、浪漫、飄渺、細緻、深遠感。 | 情感浪漫、缺乏界線，具深刻同理心、與人共融感，追尋救贖式感情。 |

| 金星宮位 | 美的共振途徑 |
| --- | --- |
| 一宮 | 外在天生麗質，注重個人型態之美，態度甜美優雅，社交舉止友善，贏得認同。 |
| 二宮 | 感官強烈，能感受並渴望擁有物質世界之美，鑑賞力高。從事美感價值高的工作，賺取金錢。 |
| 三宮 | 注重訊息交流之美，具美好、愉悅的交流能力，與四周人事關係和諧。喜歡藝術方面的學習。 |
| 四宮 | 家庭成員有藝術傾向或美感品味，能感受內在和諧之美，注重家庭舒適美好，以及情感和諧。 |
| 五宮 | 注重個人光芒之美，具有獨特美感，魅力十足，渴望用創作、表演藝術等展現美感、獲得仰慕。 |
| 六宮 | 享受日常的規律，能感受生活與健康之美，工作上能展現愉悅、精緻美感，透過工作獲得欣賞。 |

5-2　金星十二宮位美的共振途徑

| | |
|---|---|
| 七宮 | 透過美好的伴侶或關係，體會互動、映照之美，學習分享與愛，能對伴侶表達情感或接受撫慰。 |
| 八宮 | 能感受情欲交融之美與愉悅，享受欲望，期待情感高度融合，展現撫慰、放鬆的魅力，能和諧人心。 |
| 九宮 | 喜歡精神內涵之美，透過信仰、文化藝術，感受寧靜、幸福，能呈現高層次的美感表達。 |
| 十宮 | 注重社會形象之美，期望成為社會中堅分子，展現社交魅力、品味質感，並以此吸引公眾、成就事業。 |
| 十一宮 | 能感受友群間團聚的美好，在朋友之間展現魅力，得到他人歡迎或愛情，喜歡藝文團體。 |
| 十二宮 | 追求精神性，能感受微妙、隱藏的美，渴望一體性、無私的愛，展現強烈的心靈傾向，期望奉獻與合一。 |

第六章

# 火星

## 創造，
## 從心迸發力量

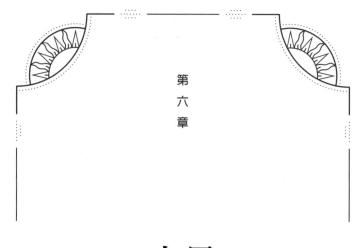

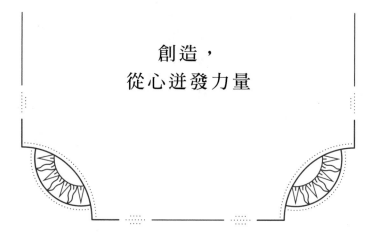

## 行星意識

### 原始本能／生命力與活力／心與欲望／耗損與破壞／創造／鍛鍊

火星表面上布滿了氧化鐵，從外觀上看來，是太陽系裡的「紅色星球」。「紅」給人熱情、活力、激動的感受，在華人文化中，帶有喜慶的意思，備受喜愛，但在傳統占星中，這顆紅色星球沒有那麼討喜，被定義為凶星，還引申出殘暴、戰爭等意義。

就像「紅」的不同面貌，要透澈理解火星的行星意識，不是一件容易的事，因為它的確具有許多面向，活力、創造、欲望、攻擊、暴力，都跟火星有關。

若要理解火星意識，最適合的方式也許該從「原始」這部分談起。

## 原始本能：奠基於生物性的層次

月亮和火星都很「原始」，但月亮意識指的是人的內在基底、情緒、安全需求。火星不一樣，火星意識指的是身體的原始本能和欲望，那些在文化馴化、理性控制之下，蟄伏其中、蠢蠢欲動的力量。

想像一個在野外餓了三天的人，突然看到樹上的果實，或某一天走在路上，遇到一隻大老虎，還是在某個漆黑的夜色下，與赤裸的胴體相擁……在這些時刻，我們全身血脈奔騰，我們要活、要擁有，於是出手、攻擊、快速行動，在腦袋還沒來得及運轉時，身體已然鮮活地展現了自己。

人體內含藏著這樣奔騰的力量，像地層裡的岩漿在身心裡流動著，遇到適當的裂隙時，便噴發而出。它會勾動生命本源的能量，是地球生物共有的起點。不管是蠻荒巨獸，還是一顆小小種子，只要活著，在被賦予生命的那一刻，求生、繁衍的意圖便同步點燃。這意圖能導引出巨大的能量，使得人或任何生物克服萬難、使勁地活下去。

火星的基礎奠基在生物性的層次上，要了解火星，就得了解我們如動物般原始的一面，例如奪取資源、攻擊、防禦、交配，不管讀了多少書、經歷多少文明禮教的洗禮，我們依然擁有這些本能。

也因為這股力量是如此原始，火星難以見容於人類社會文明，每個人內在那股無法管束、不講理的「野性」，可能造成社會秩序的傷害、破壞，甚至毀滅。我要、我拿，我憤怒、我殺，因此傳統占星才會把火星定義為「凶」。

## 生命力與活力：發現自己的力量特質

不過，火星這一把野火，雖對社會化發展有所威脅，卻不能改變一個關鍵事實：**火星奠基在生命能量上，如果過度壓抑火星意識，生命力、活力也會被壓抑。**

觀察關在牢籠中的獅子、老虎，你會發現野性一旦被套上枷鎖，再也沒有往日馳騁在荒野中的神采奕奕，一隻隻垂頭喪氣，生命力、健康狀況都會大幅衰退。

人也是一樣，雖然從外在看來，我們並未受限於牢籠之中，但在現代文明的洗禮下，大多數人與自然生活有著明顯的隔閡，我們不再「天然」，生活的重擔把人壓得喘不過氣，一休息就用大量的食物、影音享受彌補匱乏的心靈，這種生活跟豢養在籠裡的動物沒兩樣，久而久之，身心都變得貧弱。

火星那把火呢？當然還在，只是很難展現原始的能量值。若嚴重壓抑或伴隨身心創傷，火星意識甚至會扭曲、出現縱欲、狂躁、虛弱、喪失生存意志等狀態。

所以很明顯，不管是誰，都需要在自然與文明生活中取得平衡。身處現代的我們，因為生活環境、生命型態極端化改變，與過往的人類比較，面臨前所未有的「不自然」，得主動啟動力量、開發活力，才能維持火星的活性，而我們需要這把火在身心裡健康地燃燒。

火星意識說明了人的原始本能、生命力。火星所座落的星座則表現出不同的力量、活力的施展方式，以及不同的求存途徑。例如火星牡羊擁有天生的衝勁，力量急而猛、喜歡競爭，並藉由爭勝而求存；火星金牛力量厚實而慢，不愛爭先，並靠著驚人的耐力，穩定持久以生存。想像在遠古的原始村落，火星牡羊可能是當時的戰士或獵人，一身是勁，遇到挑釁或生存競爭，瞬間能爆發出力量來；火星金牛則是身強體壯的伐木工，扛著斧頭，日復一日地伐木、劈材，或是一名製作器具的工匠。藉由想像，能有效理解自我和他人所擁有的原始力量形式。

當場景轉換為現代都市，火星牡羊可能騎著外送摩托車，在大街小巷穿梭搶單，也可能是運動員；火星金牛則是在銀行裡從業很久的櫃員，或是某位厲害的咖啡師。

雖然不管是誰都擁有學習上的無限可能，但火星星座代表我們各自先天的活力傾向，如果調換一下，火星牡羊被關在辦公室裡接聽客服電話，或火星金牛從事需要比速度的搶單業務，他們兩位若沒有刻意自我調適或練習，有可能會因為先天形式上不相應，而焦慮緊繃，同時得到胃潰瘍……

**任何人都能從個人火星的分析與理解中受益，來發現各自的行動、力量**

**特質。我們可以試著了解它、從事適合的活動，以發揮最佳的活力狀態，讓自己動起來、充滿積極性。**

「積極」，是火星意識的關鍵詞。火星不只是動員力量，更重要的是，它是主動的、投入的，那是一股昂揚的精神，我們說生命力，「力」就是那股勃發的勁道。

如果先天的活力使我們適合做這、做那，再深一層來看，應該說人們不可能機械化地「做事」，我們只能熱情地投入、推進，我們得探索在哪些生命動態中，能特別促發我們這股蓬勃的力、我們的熱情特別能對應什麼樣的運作，而不是用社會框架、工作願景或金錢，來設定我們的活力。

很多時候，我們運作火星的方式，從起點開始完全就是錯的。也許這才是現代人的火星戴上枷鎖的真正原因。

## 心與欲望：所有向外求取的意識，都是欲望

火星意識的底端有一個很特別的地方，是所有人都共通的，我們得了解一下調動火星的來源是什麼。

身體所奔放出的這股力量、這股火，當然與本能相關，啟動本能的是生存欲望，跟所有動物相同，我們都有強烈的求生、繁衍、躲避傷害的欲望。不過人很特別，人的欲望非常精細，如前面一再提到，因為人不僅是生物，更是精神性生物，我們擁有思想意識、情感，在肉體構造之外，具有非常龐大的心靈結構。

這樣的心靈結構完全對應在我們的身體上，大至器官系統，小至每一個細胞都帶著意識，都與心靈相關。**身心靈是合一的，身體不只是身體，身體是意識的顯化**。一旦從這個角度觀察，那股蟄伏、流竄在體內的生命動能變得奧妙了，我們無法僅以肌肉層裡的粗鈍蠻力這樣簡單的見解去認識火星，火星一點也不粗鈍，**它關乎生命賴以維持的能源，能創造生命，也與生命消**

**亡同步，這股生命力是心靈有所向、有所動的神祕展現。**

什麼是心靈有所向？就是「我」有了一個「想要」。心靈有了嚮往，欲望隨之而生，不只是想要吃喝、想要做愛的需求欲才叫欲望，**人的欲望包含一切向外的念想**。這些布滿每個細胞的生命能量，貼合在心靈意識各種層次的索求、追尋上，極度精細又強猛，時時刻刻隨著心靈的去向而迸發。

心念一動、火星就動。這才是火星意識與欲望之間，最細緻、真實的關係。

從這個層次上去理解，大概很多人會震驚於火星的內涵。火星的星座、宮位與其他行星的關係，更進一步代表了向外求取的心靈意識，也就是欲望的不同型態，同時受欲望調動、回應欲望的不同方式，例如，火星牡羊「想要」的念頭，總是猛然而起，他的欲望直接、熾烈、具競爭性，導致當下會積極地往目標衝去，搶先拿下，一旦滿足了，欲望就能鬆開。火星金牛的欲望則強烈、執著，「想要」的念頭往往伴隨感官經驗而生，形成強大的心裡渴望後，便會一步步地占有，直到長時間、足夠、全然地體驗之後，才能慢慢放下。火星三宮的人，「想要」奪下資訊、輿論的掌控權；火星五宮的人，則「想要」打贏所有在舞臺上的競爭者。

透過這個角度去看，我們對火星的了解，便從「力的表淺現象」深入探討，貼近人們心靈活動的樣貌，甚至僅是一些微小的動作，或外在行動還不完整時，都可以嗅到火星意識的內在輪廓。

人與生命能量，不等於機器人與電池。我們不像機器人，內部程式編碼透明清晰、一目了然，充飽電、下達了指令，就轟隆隆地動起來，時間一到，該停就停。這一股生命動能嵌在身體裡，貼合心靈意念，隨欲望幻化而出，難以捉摸，身為能量主宰者的我們，大部分人對於自己的力量都是困惑的，甚至保持著距離。

人們活著，一生忙忙碌碌地採取各種行動，和他人有各種不同的互動，看似一切都在掌控之中，但我們真的知道自己在做什麼嗎？在無意識的狀態下，被粗大的欲望操控，憤怒、攻擊、拚命努力、反覆耗損，或者當我們想要主宰自己前進的方向時，又發現驅動不了自己。人們有多少種行為和反應是從真正的自覺而來的？

我們不了解自己的欲，又怎麼可能理解自己的力量？

## 耗損與破壞：來自於心靈的痛苦與匱乏

火星不受理性思維支配，它隨著欲望、心念流轉而動。想一想，我們從一早睜開眼，到晚上回床上「斷電」，心裡閃過多少念頭？一下子想要這個，一下想要那個，百萬、千萬個念頭碎成一片片，彼此不相連結也與生命軸心無關，但我們就是想要。

欲望從心而生，在未經自我覺察下，絕大部分的欲望是由心靈的匱乏、痛苦而生。火星意識接收了心靈中的所有坑洞和向外彌補、反擊的企圖，指揮著身體不斷獲得或攻擊。**火星相位若有較多衝突的朋友，肯定能察覺自己的耗損，但就算是火星擁有和諧相的朋友，也逃不開牽引。**

從古至今都一樣，總因為情感、愛、物質、金錢等各種資源問題上，掀起一波波的戰火。火星從早到晚打個不停，跟人之間索討、攻防或向物質世界拚命擠兌。

火星追求個體化的存活，本來是再自然不過的本性，原野上的動物們為了求存，也都具備一定的攻擊力、破壞力或逃跑能力。你不會說獅子獵殺幼小的羚羊是一種暴力行為，因為牠只是要活下去，一旦吃飽了，也不會一天到晚虐殺羚羊。

但人類的欲望太複雜了，求而不得或被傷害後引發憤怒，以致於火星跟著扭曲，變成肆意的殘暴。**火星意識本來就是心靈現象**，人的殘暴行為，會反過來摧殘自己與他人的心靈，然後激起更多憤怒、破壞，不斷在負向中循環。

現代人的火星，挑戰甚至倍增。文明洗禮下，生存容易了，看似沒那麼容易發動暴力，但我們的內在複雜度一點不減，還因為物質供應無虞，生命陷入無止境的欲望裡。那些攻擊、破壞的力道，從更精細的日常生活、人際關係裡宣洩出來。於是，在自己也說不明白的狀況下花了很多錢，然後再花很多時間、精力去賺錢；或是在關係中鎮日拉扯，不斷彼此榨取；還是將所有的空虛、不滿、壓力，用各種享樂來滿足；也有的或終日追逐肉體，用性釋放壓力……我們有幾近無限的理由和方式，在各個地方躁動、消耗生命能量。

在這個點上，火星所在的宮位、相位上的壓力也許能提供給我們更深入的資訊。但本質來說，不同朋友的火星所遇到的考驗，差異不大。

超越身心負荷的欲望，終將驅動著生命能量走向耗盡。也許用醫學治療加上充足的營養，肉體得以最大程度地受到維護，結果就是精神上承受了損耗，這也是為何現代人憂鬱、躁鬱、焦慮等問題如此氾濫的原因。火燒乾了，人在缺乏能量的狀態下，會更加不安、易怒、需要彌補，如此周而復返，直至半點能量不剩，各種病症業相紛至沓來。

中年之後，尤其四十歲後，土星、天王星、海王星、冥王星等陸續遇上流年本星的衝突相，有時還同時疊加。這是俗稱的生命大「關」，是宇宙早已設下的定時引爆器，火星的狀態決定了是否有「盈餘」支持我們面對這些關卡，另一方面，這些關卡的存在，恐怕也是生命毫無節制的耗損，終於觸發業果的時刻。

## 創造：持盈有餘，才能開啟創造力

火星被冠上「凶星」一詞，實在太冤枉了，明明是人類對內在的不自知，才搞得險象環生、凶厄連連。事實上，火星意識所連結的生命動能，不僅不凶，還非常重要，有了它，我們才有機會啟動力量、充滿活力地體驗世界。

回過頭來說，就連欲望，其實也無法僅用罪惡一詞一言以蔽之。精神體若沒有任何欲望，何來形成生命？因為有所渴望，我們才來到這世上，起步、行動，獲得滿足後休息，然後再度興起欲望，這是生命的動態。

欲望若不由心靈的匱乏而生，那麼人類有沒有更高級的欲望表現？

當食物、安全、繁衍等生存需求完成了、當心靈不被恐懼痛苦占滿時，人還想要什麼呢？如果是動物，也許趁機休息，也許儲糧準備，但人類在生存無虞、心境安定的狀態下，源源不絕的生命動能流動著，這股火會支持我們打開心靈更高的層次，我們會想要**「創造」**。

人類擁有無限創意並期待付諸實現，為了美、快樂、探索、提升，我們的心靈不只想要彌補虧缺，還想做些與眾不同的。人類的心靈維度，使得火星一次次開啟創造的可能性。

如果說火星原本是生命的一把野火，在人生中忽明忽暗地燃著，它閃耀出最燦爛光芒之時，肯定是那些創造的時刻。例如，火星牡羊的朋友，如果引動出內在的創造力，他們具有一種高度直覺，能精準地使用自己的身體，或施展一種力道，將本質的勇敢、果決，瞬間揮灑出來，在運動競賽、團隊執行，還是研究上，都能用一記直球，開創新局。火星三宮的人，有機會創造出交流的火花，讓停滯封閉的環境經過訊息的激盪，引發活絡的討論，甚至造成強大的影響力，衝擊社會思維。

不管火星落在哪個星座、宮位，都擁有難以想像的優越面向。**開啟了創造力，就能激發出身心最大的潛能。**

我們透過創造，發覺在身心內湧動的，原來是一股大於平庸的力量，它充滿突破性，心創造到哪，力就能揮灑多大。不再汲汲營營地只是為了心靈的虧空而彌補，不再只是依著本能，為個體求存而活。我，充滿自信，能為自己、群體創造，這些行動才真的甜美，真正能滿足心靈的渴望。

高度發展的創造力，是人們共同的夢想。不過，火星啟動創造，需要足夠的條件。如果人在生存線下，或是處在高度消耗的狀態下，還在為資源、憤怒打仗的界面裡，肯定做不到。**生命能量得要有辦法「存」，持盈有餘，充足了，才能領到高階創造的門票**，就像性。性是火星意識中重要的一項展現，一般生物的「性」，是一種本能衝動、原始的繁衍欲望。人類呢？就像人類的欲望有各種維度的展現，人類的「性」，除了是肉體之間的占有、釋放，更是生命裡最純粹、最核心的創造能量。想想，我們竟能創造出另一個新生命呢！許多古文明、宗教祕法對於性所內含的創造力都非常重視，如何從肉體層次轉化為高階能量，甚至成為各種修行傳承。不過，對一般人來說實在太難了，性是我們內在最深、最強猛的欲望，之於大部分人類，欲望好像只能宣洩，欲望越深，就越需要宣洩。「洩欲」，成了火星展現欲望唯一的方式，加上金星共同作用，人的一生就好像是吃甜點加洩欲火，不知意義何在的空乏過程。

當然，不涉及道德法律，性或欲望行動沒有什麼大錯，吃甜點也不是什麼嚴重問題，但如果我們只會在這些表層去運作星盤，生命能量持續耗損，直至生命結束，懵懵懂懂地來，迷濛遺憾地走，這一生也就蹉跎而過。

## 鍛鍊：「靜心」就是對火星最好的鍛鍊

洩欲，不是火星意識發展的唯一途徑，因為火星就是心之欲，它是心靈現象。要探究的不是外在行為，或如何用禮教法律規範它，引導它走向正途，外在制約只是約束了行為，但約束不了心。要探究的是我們的內在。

心欲一動，火星就動。那麼心有可能不動嗎？或是只為更深遠的渴望而動？

這一題很難解。我們不可能沒有欲望，有了欲望就想宣洩，餓了就得吃，若已吃飽，接下來就會期待更多的美味，心裡永遠有洞，我們就得為這些洞而活。如果受到傷害，內在憤怒、痛苦便會使洞變得更大。洞的問題沒有解決，也很難往更深遠的渴望發展。這個洩欲、彌補的過程就會形成迴圈，變得封閉，沒有改變的可能。

細細拆解，其實若只為了生存，我們吃不了多少，真正的需求是有限的，但內在的欲望靜不下來，靜不下來才會形成洞的漩渦。心要靜，也不是去指揮它安靜，更不是約束它、壓制它，唯一要做的，就像看著被擾動的水面，靜靜地等動能釋放完，水自然回歸平靜。想出手干擾，只會越攪，波動越大。

火星不論落在星盤的哪裡、有什麼配置，都有它的洞，都有它攪動不止的欲望。**要有盈餘，只能夠鍛鍊，「靜心」就是對火星意識最好的鍛鍊。**心靜了，火星就能收，而不是無法停歇地衝出去。

運動也是特別好的方式，其實運動到了精熟的程度，不是因為懂得操作身體，必然是察覺了，並有意識地收攝心神、安定自己的內在，才能自如地調動身體。火星式的運動一定涉及身心一體，不是單純練力。掌握了這個要領，我們便能參透這股野性之火。

前面一路從太陽到金星，都講到了群體。到了火星，火星在本質上很「個人」，生命力、欲望都是個人的表現，這股力還特別容易挑起和他人的紛爭，火星要能與人合作，都是長期學習、薰陶的結果。但其實關鍵點不在於與他人配合的難處，當我們退回到內在，會發現難以合作的從不是他人，而是自己——與湧動不已的自己好好相處。

這個領悟終能帶著我們來到生命的核心，安靜下來、與心同在，於是，任何時刻、在任何人的身旁，我們都能合作無間。

| 火星星座 | 活力型態 | 欲望驅力 |
|---|---|---|
| 牡羊 | 力量強猛、獨立、競爭式、摒除干擾、原欲強烈。 | 爭勝、證明自我存在、釋放動能、原創、領導。 |
| 金牛 | 力量穩定、持久、緩慢、保有、存續。 | 感官滿足、擁有物質、美，舒適感的維持，工藝興趣。 |
| 雙子 | 力量迅捷、變動、心智攻擊力、活動頻繁、不持續。 | 嘗新、變化的欲望，交流回應，心智競爭。 |
| 巨蟹 | 力量內收、被動、柔韌、不穩、捍衛式。 | 受情感調動，情感占有欲、釋放恐懼，安全感被威脅。 |
| 獅子 | 力量強而穩、霸氣、激發式、具影響力、掌控。 | 展現自我，占有資源、權力，獲得榮耀，藝術創作。 |
| 處女 | 力量精細、靈活、可控、規律性、技巧。 | 追求完美，專業技能的發展，工藝、工程醫療領域。 |

6-1　火星十二星座的活力型態與欲望驅力

| | | |
|---|---|---|
| 天秤 | 力量收束、壓抑、回應式、調解式、均衡、優雅。 | 追求關係和諧，公平正義，社交需求，創作均衡之美。 |
| 天蠍 | 力量隱藏、猛然爆發、毀滅式、無畏、堅韌不屈。 | 受激烈的情感、陰暗欲望驅動，受死亡威脅，探索神祕或心靈領域。 |
| 射手 | 力量粗大、狂熱、大膽、冒險式、探索式。 | 追求自我擴張，受精神目標所驅動，在精神意義上形成引導、捍衛信念。 |
| 魔羯 | 力量充沛、自律、持久、抗壓、耐力、抑制。 | 社會成就、認同、名聲，穩固金錢資源， |
| 水瓶 | 力量突發、創新式、疏離、不穩定、破壞、衝撞。 | 突破限制，追求獨樹一幟，推動群體改革，科技機械領域。 |
| 雙魚 | 缺乏力量、被動、順從、引誘式、低落、放鬆。 | 受精微感受驅動，在迫使、引誘下行動，探索藝術心靈領域。 |

| 火星宮位 | 力量施展途徑 |
|---|---|
| 一宮 | 充滿自我力量，透過直接行動、表達主見，展現競爭性，渴望掌握命運、證明自我。 |
| 二宮 | 渴望擁有金錢物質，物欲強烈，以行動積極地獲取成果，在金錢運作上大膽、具競爭性。 |
| 三宮 | 交流直接、主導性強，透過訊息觀點證明自我力量，心智銳利、熱切，挑戰他人想法。 |
| 四宮 | 父母或家庭成員彼此衝撞，家庭展現暴力、火爆氛圍，內在具隱藏的憤怒、侵略性。 |
| 五宮 | 積極展現自我，在玩樂、創作、愛情上施展活力、熱情十足，具主動性、侵略性。 |
| 六宮 | 渴望在工作中展現力量，尤其是技巧和精確度，可能過勞、不當使用身體，追求好身材或運動感。 |

6-2　火星十二宮位的力量施展途徑

| | |
|---|---|
| 七宮 | 透過關係互動、衝撞，以定義自我力量。用挑釁或較勁的方式回應他人，或反之遇上較勁對象被攻擊。 |
| 八宮 | 對情感、資源的交融充滿渴望，在性上活力充沛，在財務上積極、具侵略性，在神祕或靈性世界，充滿探索力量。 |
| 九宮 | 渴望真理，對信仰、理念充滿狂熱，透過實際行動去捍衛、實現理想，或從事宣揚。 |
| 十宮 | 強烈的成就野心，期望登上顛峰，獲得社會地位、權力，事業表現出色、具高度競爭力。 |
| 十一宮 | 在群體中展現力量，將精力投注於團體中，積極推動或捍衛群體，能激勵他人或反之引發衝突。 |
| 十二宮 | 渴望消融或隱藏欲望，期望投入更高理想或深遠目標施展力量，從事公益或靈性活動。 |

第七章

# 木星

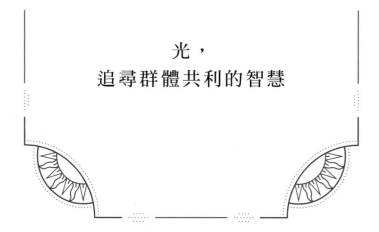

## 光，
## 追尋群體共利的智慧

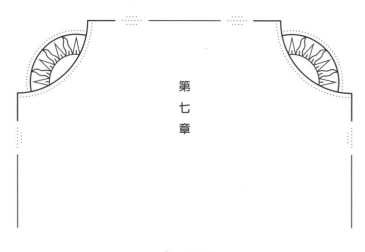

## 行星意識

擴張／資源與機會／胸襟／社會潮流／智慧／信仰／福報

從木星開始，來到了外行星的領域。外行星相較於太陽、火星等內行星，運行週期較長，不那麼容易被知覺，但涉及層面更廣，對人類的影響深遠。

### 擴張：從個人擴張成群體

木星是由巨型的氣體層所構成，不是由岩層所形成的行星，於是成了太陽系最大的行星。不意外地，**木星的行星意識與擴張相關，跟木星象徵有關的事物，都是大而廣或高而廣的**，例如肝臟（最大的臟器）、大腿（最大的骨頭與肌肉）、高等教育。當然，心胸寬大也是木星代表的特質之一。

木星的運行週期大約一年一個星座，如同東方的生肖（只是週期始末未必與一年首尾相連），有種歲星的意味。木星走黃道一圈大約十二年，三歲、六歲、十二歲、十八歲都是生命早期重要的木星週期。從三歲貓狗嫌的第一個叛逆期，到十八歲後陸續踏入社會，木星行運裡面談到的每一個時間點，尤其是衝突相位時期，在發展心理學中都是重要的階段。

木星是向外擴張的，衝突相位更有一種向外爭取的興奮，從某種疆界再跨出去的意味。

這個成長過程，表面看起來是身體的成熟、行動的擴展，其實核心是**心靈**。當小小心靈不再囿於基本生存欲望的滿足，想知道自我和母親之外的世界是什麼、有什麼、它是什麼顏色、什麼味道……開始激發出好奇，從母親與家庭籠罩的安全網中，試圖連結、嘗試外界事物、往外探險，因而打開了「我」的疆界，一步步接觸更大的群體。

這一連串舉動，把我們與更大的我們——也就是社會群體連結在一起，所以**木星是第一顆社會性行星，它是個人擴張之後形成的連結，它是我們首**

**次領會到的大我。**

在木星的推進下，每個人的生命得以跨足一個更加廣大、充滿發展可能性的介面。

## 資源與機會：資源，來自與群體的連繫

木星是描繪幸運、福氣的行星。人人都想富裕豐足，所以木星在傳統占星學中被定義為吉星，廣受喜愛不是沒有道理的。

但其實木星與錢、物質沒有直接的關係，更為接近的說法，應該是**資源與機會**。資源包含有形或無形的各種層次，有量的限制，並具生存上的可利用性。生命的過程必然與資源相隨，任何層次的生命發展，都得消耗資源，也都會生產出各種形式的資源。

木星帶來擴張，啟動我們與群體的連繫。群體將無數小我的需求、供給，以複雜的社會行為交織在一起，資源不斷被創造、流動，各種發展的機會應運而生。因此，我們與資源的關係，說到底，其實是**我們與群體的關**

**係**。當人們受到木星的引動，從小我框架中伸張而出，與群體一同脈動，便能使機緣與資源流入。

所以經濟學是一門談「群」的學問，看起來談的是「錢」，實際上談的是人群、是群體。

例如一位木星處女的朋友，假設他的太陽是水瓶、月亮在獅子，走在時代尖端是他的人生目標，私底下為人霸氣不受拘束，他充滿創意、自主性，可能從事新創事業。處女不是這位朋友的核心能力，也不是想實現的目標，但他內在蘊藏一分處女式的天賦。每當他與群體連結時，只要他夠認真負責、在專業上規律而精準地提供服務，就會感覺群體特別買單，能在這個途徑上創造出許多機會和資源。這樣的朋友即使當了老闆，肯定每天仍得勤勤懇懇上班，確保公司提供給大眾的產品或服務，具備高度的專業性、品質精良。

可能有人會問，這不是發展事業的基本作法嗎？那可不一定，若這位朋友的木星落在獅子，他與群體資源的連結點，就在領導性、才華光芒上。如果他依舊勤勉地上班，但是表現上毫無個人特色，沒辦法站在激勵他人的領導位置，產品也缺乏獨特的光芒，恐怕與資源、機會總是失之交臂。

例子裡的兩位想必都有各自的心聲要傾吐。前者的事業容易操作，但帶著規範感，後者自主自立，但難度不低。太陽是「我」想要的，但木星意識告訴我們，**想要實現個人目標，任何人還得參照「群體」想要的**。從木星的星座、宮位、涉及的行星，能深入探索我們與群體之間的緣分。

反過來說，很多人未必能發展出成熟有能力的太陽，但光靠木星的啟動，都可以在社會上混出名堂。因為習於在群體中打開自我、能意識到群體的重要性，往往能更早、順利地使群體接受自己，而安住其中。

## 胸襟：打開心靈寬廣度，開展更大的「場」

木星特質強的人，放在人群、社會領域裡，特別光亮、特別美，這跟金星所代表的個人外在或才藝之美不同。擁有鮮明木星特質的朋友，他們從小與人之間的關係是流動的，與群體的關係是有機多元的，不怕人、不怕事，個人特質開朗、充滿自信，這樣的人，在面相上帶財，實際上也帶財。

木星所造就的擴張，長期在這個人身上形成幅員廣大的「場」，與社會群體交疊。這個場越大，涉及的群體越多，裡面的機會與資源越豐富，好運、富足因此而來。當然，封閉傳統的社會，或是多元繁榮的社會，裡面能開展的木星狀態，也是截然不同的。

但無論如何，運作機制是相同的。越能與廣大的群體交流，就越豐盛。再深一點來說，「場」的本質是什麼？表層看來，是人際網路、工作領域、社會生活範疇，木星強的朋友相較於他人來說，更為寬廣、活躍。其實，這些可觀察的狀態，是一個結果，而「因」在一切變化之上，是他們的心靈格局。就像生命從稚嫩至成熟，一路洶湧地推動，是生命裡的那分熱切、好奇與探險的企圖，這分從自我中不斷展開、跨出的意識，成為木星的核心。

那麼，人人本命盤中都有木星的能量，都有一分往外打開，與群體、資源連結的可能性，但為何大部分人終身汲汲營營，只能在有限的職涯裡，賺取微薄的生存資源？

一方面，相應於木星的宮位、相位，每個人的木星結構有別，例如木星與冥王星有和諧相，或木星落二宮、十宮的人，木星作用力強，特別能啟動物質金錢上的機緣。然而如果廣泛收集星盤分析會發現，個人社經地位、財富高低其實不完全能以木星的狀態說明，甚至同樣的木星強度，所對應出的個人發展也全然不同。

這只能說明，行星結構固然有異，但更大的差異不在表象上的變化，而**在每個行星開發程度的縱深**。木星的核心是心靈格局或精神意識的寬廣度，因此，**木星發展得好不好，比的是「見地」「胸襟」**。如果一個人的見地只能涉及與自身有關的二十個人、五十公尺範圍，那麼他的「場」也就這麼大，能觸及的資源也就這麼多，或者一個人的信念只立在自我的存活上，他能擴展的可能性也就只有那麼一點，發展的機緣也不可能出現。

要繁榮、要興旺，只在三、五個人的格局裡打轉，成不了事，沒有能吞江海的胸襟，也造不出大成就。大老闆或大人物有很多種，無論哪種，必然都有某種獨特的見地、格局，能在大範圍群體裡運作。

**心要夠寬廣，物質現象才能隨之轉動。**

這顆心不是「貪心」，貪心已經來到匱乏的這一端，貪的再大，那顆心都是極度窄小的，沒有別人、沒有群體。這樣的心，打不開木星的潛能。

## 社會潮流：投入群體脈動，是豐盛之道的祕密

具備開闊的胸襟，是開啟木星力量的第一把鑰匙。同時，木星的擴張，並不是毫無方向、目標地無限發散。

群體由個人組成，乍看之下，好像是一盤流動的散沙，人與人之間各自琢磨自己的去處、各自忙碌著，但人類群體的底層不但有隱形的連結，而且極為深刻。人無法獨活，我們與他人的命運相互交織，這一小群又與那一小群共生共息，這一大群又推動那一大群，到最後都連在一塊了。

人們敏感地嗅著彼此的氣息、感受對方的動向。群體底部像海中的洋流起伏著，有條不紊地構成整體動態，這種現象非常有趣，既沒有誰制定了規

則，也沒有誰完全能掌控這股流動，所有人都在裡面生活著，一起形成了潮動，同時又被潮動所牽引。

最近的社會潮流是什麼、人有沒有跟上社會潮流，不一定只是媒體的噱頭，如果透過某些方式炒作，也是花了足夠的資源，引發大部分群體內部的共鳴，才形成的現象。若與群體的期望、需求不一致，很快也就成了泡沫。

其實，社會潮流不是一種特異的現象，我們時時刻刻都在潮流中，只是有時候這些潮流特別有趣或奇異，與我們的日常不同，所以被注意到了。這股流動時起時滅，有時長久，有時短暫，有起源，也有個去向，而且永遠都是群體的一部分。所以**人類社會的整體是一種極為有機的組合，它會呼吸，永遠都有「流」在其中穿梭。**

木星意識發達的朋友，因為內在的視野長久浸潤在群體之中，與群體交疊繁密，很容易嗅到這股動態從哪裡發展出來、力量多強、去向何方。如木星在十宮能嗅到社會需求的脈動，容易搭上行業發展漲勢，拔得頭籌；木星在八宮能抓到權力或資金人脈的動向，從中贏得豐厚的資源。一旦靈敏地捕捉到這些現象，等於掌握到絕佳機會，如同被頂在潮上而行，不用多費力，只是置身其中，便能被潮浪快速推進、收穫滿滿。一般人看到有人獨享了這豐碩的成果，都會豔羨不已，覺得他是不是腦袋特別好，還是運道正旺，想到最後，只能嘆息自己命運乖舛，喟然而去。

我們都渴望做引領潮流的那個人，當然誰有能力可以在群體中被跟隨，甚至興風作浪，每個人先天的木星特質、胸襟廣度、與群體之間的淵源各有不同，是講究條件的。但不管是誰，我們每個人都可以帶著木星意識，投入這股流中，**觀它、感受它、參與它，與群體共榮，是豐盛之道的祕密。**

## 智慧：真正的智慧是群體共生所蘊含而成

群體內部自有一股流動的秩序，而且具備方向性。不管在表面上，群體動態表現如何，潮起、潮落，隨著時間、空間有所更迭，但歸結到底，底層的大方向仍是一致的。

生物都有著求生求存的本能，就像是種子，不管是哪種類型、在哪個區域萌芽，它們一致的發展就是向著太陽，往有光的地方立起、拉長。**「往有光的地方走」這既是造物共同的生存約定，也是人類底層最重要的驅力**，木星意識的核心，就對準了這道光。

所謂光是什麼？是指生命存活、欣欣向榮的高階智慧。

木星意識與法律相關，精確來說，不是法條本身，而是群體裡的公理公義，那是法律制定之先的精神，一條大道之路。

群體內隱含的高階智慧，並不是固定僵化的舊習、制約，更不是那些條文、罰則，而是充滿生機的——生命與無數其他生命共存共利的可能性，一條隱藏在群體底層早已設定的去向。這樣的智慧不是由個體邏輯推演而成，是群體生命之間試圖共存的結果，它是有機、動態、經驗的。生命總會找出它的出路，這是一道指向整體活路的光。

人類社會的複雜性極高，當整體內部因為各種原因，不斷累積負面能量，社會各階層無法流通，資源壓縮、彼此積怨到了無法承擔的地步，此時便會匯集出一個出口，使群體發生崩解。**然而只要還有一群人活著，群體裡**

**指向生命共存的光，依然會引導人們復興。**

木星使我們觸及這道光，木星能量運作成熟的人，常常被賦予智慧之名，見聞廣博、上知天文下知地理、熟悉人情義理，胸懷高遠。對他們來說，群體發展的每一個當下，是好是壞、去向何方，他們都在傾聽，都能得到啟發、獲得智慧，並反過來以此照亮四周。

木星所座落的星座、宮位，使人先天帶著一種角度，連結智慧的不同面向。如木星雙魚的朋友，連結著大愛慈悲的智慧；木星魔羯的人，珍惜傳統與現實經驗中的智慧；木星獅子的人，像群體中的熱火，帶著積極昂揚、鼓舞人心的智慧。木星落在二宮，對物質法則充滿智慧，而木星落在七宮，則有一種智慧——懂得所有來到身邊的人，都是我的貴人。

木星的印記連結在個人星盤上，但智慧沒有「個人」型的，**真正的智慧是群體共生所蘊含而成**。在群體的導引下，我們所理解的片段，將形成一條絕佳路徑，有機會使我們觸及智慧的全貌。

## 信仰：向宇宙靈性之光交託

當年少青澀或是人生徬徨時，那些使我們景仰、嚮往，對我們有重大啟發意義的老師、貴人（有時候甚至是一本深遠的書），其實就是群體智慧的顯化者，他們使我們連結那股脈動、那分指引，是我們的光。

往那道「光」的源頭繼續探去，就會發現在社會群體的智慧之上，還有深邃的宇宙整體以及其中的靈性智慧。

很多人對於木星的意涵感到困惑，從資源、機運、冒險、哲學、法律到宗教信仰，木星橫跨的領域很不容易統合理解。其實，木星立基於意識擴張，不管心念如何開展出物質收穫，在這座生命的大實驗場裡，資源並不是我們來的目的，精神體的成長、蛻變、揚升才是生命最終的嚮往。走到後來，必然開啟人對生命本質的思考、對人生源頭、靈性歸屬的追尋，最終交託。

星盤上木星所在之處，常顯示出盤主的宗教緣分或信仰熱誠。落在九宮的木星是最典型的例子，此處常培育出上師、信眾，成為宗教搖籃，將木星的宗教性發揮到極致。但即使是座落在他宮的木星，也會將生命託付於某種精神理念，成為各個領域中不同面貌的「篤信者」，堅守信仰、深受護持，並成為他人的精神引領。

**木星能量引動時，人會有種冥冥之中被庇佑的感覺。**落入五宮或獅子座的木星，連結著愛與生命創造的源頭，因才藝表現或子女而蒙福；木星與月亮有相位的人，特別親近女神或大地信仰，能從母親或女性族群受到寬待；木星十一宮的人，信仰著人道與自由理念，容易在群體中獲獎或人緣大開。木星意識告訴我們，**任何人與靈性源頭都有專屬連結，並由此途徑，透過群體給予資源和機會。**這趟旅程充滿祝福，就像自然界萬物的生發，源源不絕地受到天地的滋養。

所以，生命再怎麼複雜難解，木星意識都能保有樂觀。這些精神昂揚的「篤信者」們，被一種深遠的歸屬感所包覆，生命立著軸心，回過頭，又充滿信心地投入群體，站在所屬位置上，傳遞著智慧之光。

木星的福報系統，就這樣生生不息地運轉起來了。

## 福報：滋養福田的光源，來自於智慧

在人們的認知裡，木星就是人天生帶來的福報。木星的幸運、福佑等特質被染上濃厚的命定色彩。

木星意識的展現，太容易被視為理所當然。資源豐沛、好運當頭的，拿得理所當然，資糧單薄、時運不濟的，也哀怨得理所當然。我們對木星摸不著頭緒，更不用說不知道該如何發展木星意識、展開它的奧義。有時候反而不如土星，直接給難題，一板子一成長，印象深刻、永不忘失。

木星不給教訓，給支持、助力，能量本質的確與土星談的「一分耕耘一分收穫」大相逕庭，然而如果把木星視為一顆憑空降下黃金的行星，絕對是極大的謬誤。

說到「努力」，木星不用我們刻苦求存，**它要我們努力打開心胸，努力以符合群體共利的方式處世，努力向群體智慧、靈性智慧對齊。**

一個人獲得資源、福佑，是因為心裡有「群」和「人」。更清楚地說，以何種形式收穫好處，這途徑勢必也是我們能使群體受益有關。不是只管

「拿」，更因為我們能「給」，從這個角度去看木星，更能掌握個人於群體中的位置，與整體交織、貢獻己長，然後得到更多發展的機會。

若將木星意識的運作，描繪出具體景象，群體就是我們的沃土，需要人們放下自保與狹隘，將自己投入它的廣闊中。不僅如此，一片沃土肥田，還得有光源照耀，沒有光給予能量，再多的資源終有用盡的一天。智慧，就是那道光。所謂富二代或是因投機時運得大財者，往往如此。因為欠缺經營的智慧、沒有眼光、內在層次淺薄，即使一開始能接觸到財富，卻無法長存。一句老話說：「命有定數。」**這分定數所在的界面是業力，也為我們內在的智慧程度所標定。**

俗語說：「生於憂患，死於安樂。」常常生動地描述了許多人命盤中木、土星的狀態。木星能量強的人，其實比土星能量強的人更容易犯錯，也更容易埋下業力反撲的種子。

一旦木星能量失去智慧的引領、沒有信念寄託之處，會變得浮誇、自以為是、亢奮而盲目。別人所給予的一切，都覺得是自己應得，總期待被賦予更多的機會與寬容，對於所關切、喜好的人事物，則是一味地慷慨、付出，毫不手軟。

這裡講的慷慨有兩種層次。一種是真正領略群體高階智慧，懂得人心、資源運作的律則，不會把資源盡攬在自己懷中，而會分享、給予、創造流動，另一種則完全受個人愛欲習氣所制，對己對人，愛之則給之，完全脫離了生命共生的規律。

木星常常養出了一批浪費、嬌寵的「好人」，為人寬大、有良善的傾向，但學不會節制。這些好人若剛好落在較富裕繁榮的社會中，在一再加碼鼓勵消費的商業操作中，常常變成一堆莫名其妙的災民，在卡債借貸中輾轉苟活，或是因著這些習氣，造就他們的孩子成為未來的災民。

福報，一點也不簡單。當我們從生命的追逐中驀然駐足，回望人們眼中看出的好壞，究竟是「福」還是「禍」，我們再也無法定義。「福」真是一門大功課，不是嗎？

| 木星星座 | 智慧 | 社會潛能 |
| --- | --- | --- |
| 牡羊 | 追尋獨立、力量展現、獨特性、創新、突破的精神。 | 開創者、冒險者、新興研究、力量展現。 |
| 金牛 | 追尋價值、穩定、豐盛、實用精神。 | 生產者、經營者、鑑賞者、質感維護、高價值推動。 |
| 雙子 | 追尋更新、靈活變動、才智展現、多元交流。 | 交流者、學習者、訊息傳播、媒體溝通、商業交流。 |
| 巨蟹 | 追尋母性、照顧、包容精神、情感連結、陰性價值。 | 照護者、滋養者、母性角色、家庭質地維護。 |
| 獅子 | 追尋核心價值、創造、快樂、壯麗精神之展現。 | 精神領導、表演者、鼓舞者、教育事業、藝術創造。 |
| 處女 | 追尋秩序、真實性、精細完美、服務、勞動精神。 | 服務者、專業勞動者、精算統合、醫療工程等專業。 |

7-1　木星十二星座的智慧與社會潛能

| | | |
|---|---|---|
| 天秤 | 追尋公平和諧、理性、正義、均衡法則、理想主義。 | 協調者、推動合作、維護秩序道德、美學品味創作。 |
| 天蠍 | 追尋內在潛意識真相、情感融合、死亡蛻變、宇宙神祕性。 | 心理療癒、蛻變轉化關鍵角色、人性操盤、金融運作、神祕學研究應用。 |
| 射手 | 追尋真理、異國文化、宇宙性或宗教性理念和信仰。 | 精神先鋒、具潮流靈感、宗教或理念引領、教育研究。 |
| 魔羯 | 追尋成熟、傳統和體制價值、自律務實精神、社會責任。 | 體制開創與維繫、領導統合者、政治商業運作。 |
| 水瓶 | 追尋多元、進化、平等自由價值、世界性、宇宙性法則。 | 創新先驅、改革者、高科技或靈性研究、社會福利推動。 |
| 雙魚 | 追尋大愛、奉獻救贖、超感知與靈性、合一性法則。 | 救助者、支持者、慈善角色、身心靈研究、療癒、藝術事業推廣。 |

| 木星宮位 | 資源與機運 |
|---|---|
| 一宮 | 將生命視為一場旅程，生命態度開闊，願意打開限縮，持續探索、冒險，引領潮流或他人。 |
| 二宮 | 物質豐足，財務上帶著好運，物質世界中充滿機緣。或對金錢、財富有廣闊胸襟，具高遠的價值觀。 |
| 三宮 | 心智自由多元，與人溝通充滿開闊性，能透過四周人事大量學習，並擴大分享、宣傳。 |
| 四宮 | 透過父親或家庭的庇蔭，擴張精神力量、獲得財富，充滿精神傳承、重視信仰，充滿內在成長機緣。 |
| 五宮 | 多才多藝，充滿創造性，才華備受肯定。自我展現的機會充沛，能自由自在地發光，在舞臺上、投機事業中有豐富的收穫。 |
| 六宮 | 在工作上充滿好運，容易受歡迎、被提攜或獲獎，樂於服務奉獻，與身心靈的療癒、健康領域特別有機緣。 |

7-2　木星十二宮位的資源與機運

| | |
|---|---|
| 七宮 | 藉由關係打開資源或視野，與人互動開闊自由，或碰上貴人、引領者，被支持也支持他人生命擴展。 |
| 八宮 | 在商業投資、婚姻繼承上獲得資源或機運，能與他人分享資源，透過危機擴張自我，展現內在靈性、轉化生命。 |
| 九宮 | 透過哲學、宗教、旅行等擴張生命意義，識見高遠，充滿智慧，精神發展或高等教育的機緣豐沛，容易升遷高位。 |
| 十宮 | 透過事業、地位感受到生命意義。容易獲得社會成就、名望聲譽，在公眾領域受到歡迎、獲獎或被權威者提攜。 |
| 十一宮 | 社交圈廣大，在友群或團體中獲得支持或利益，人脈資源豐富，透過社群互動，與群體共同成就、實現理想。 |
| 十二宮 | 經由無形的好運，感受生命底層的仁慈和意義，具有靈性學習的高度潛能、救贖力量。 |

第八章

# 土星

## 苦難，
## 靈魂學習的保證班

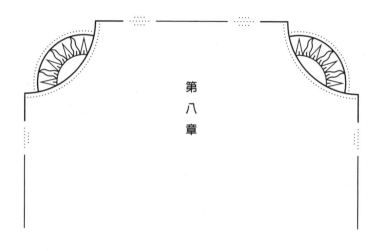

# 行星意識

疆界與限制／苦難／業力／恐懼／經驗與密度／權威與傳統／圓滿

在傳統占星中，最後一顆星就是土星（天王、海王、冥王等三王星在十八世紀後才陸續被發現）。這顆在傳統占星視野中最尾端的行星，就像立在世俗邊際的界碑，記載著人們在此成長的痕跡。

## 疆界與限制：承認渺小，面對真實人生

土星、木星是社會性行星，兩者在世俗中運作，內在法則蘊藏在社會群體的脈動之中。相較於虛幻空靈、與集體潛意識有關的三王星，土星之內的行星更重視物質界中個人與群體的發展。

土星和木星相反，它的行星意識不是擴張、豐足，土星標示出限制。有

趣的是，太陽系中唯一明顯有環的行星就是土星，這個環，充分表達出限制、疆界的象徵，像金箍咒般套住我們。它告訴我們人世間有缺、有匱乏，有許許多多難題，有阻礙而不可得。比起木星，土星更貼近物質界現實，這些虧缺、辛苦，更像每一個人真實的人生。

沒有人能完全自由、隨興而行，沉重的土星會壓制你；想大展身手，土星用現實條件讓你挫折。因為土星，人生變得很嚴肅。

如果木星讓我們知道，人的廣大與無限擴張的可能性，土星，則讓我們感受到人的渺小。我們避不開限制，永遠踩在有地心引力的地面上，沒辦法任意飛翔。但這個渺小，使我們能踏實地面對真實人生的一切，並願意為自己的渴望，付出足夠的努力。

於是，**限制與承擔、壓力與進步、阻礙與努力，構成了土星令人敬畏的面貌。**

## 苦難：承擔難處，才有成長的機會

與土星相關的詞都不太好聽，如匱乏、壓力、阻礙，如果用一個詞統合起來，那就是**「苦難」**。土星是一顆與苦難分不開的行星，如前所說，土星是物質世界的界碑，掌管世俗生活基底，那麼，苦難就是人類投生於世必定經歷的基礎元素。

思及此，會不會感覺很悲情？原來我們不是要來享福，而是來受苦的。用占星的角度來說，我們既不是來享福，也不是專門來受苦的。

土星意識非常清晰易懂：**只經驗順境，無法成長。接受挑戰、承擔難處，人們才能學習、有所得。要收穫，就要付出代價。**

就像你想學數學，就得從數數開始，認識加減乘除、不斷練習運算，這過程中你得付出時間、耐住性子，不斷重複這些努力，最終學會基礎數學。如果你想要學會更複雜的運算，就得接受更難的挑戰，進一步鍛鍊，增強理解力、運算力，還得透過考試，發現自己有錯的可能，擔起改正的責任，才有可能從基礎的狀態，進步到高階。

一個人要實現什麼、得到什麼、要學會、要跨階、要精熟些什麼……全部都要付出相應的代價、體驗苦與難。

所以，「苦難」有什麼好？對於來地球學習的靈魂來說，它是一項必要的存在。在線性時間中，持續經歷難處、遭逢挑戰，就有機會成長。

土星所帶來的苦難各形各色，從土星星座和其星盤布置可一探究竟。例如，土星雙子有學習、交流上的難關；土星牡羊的個人意志、力量，遭受打擊；土星金牛經歷窮困；土星巨蟹情感脆弱，與母親之間關係充滿挑戰。土星與太陽有相位，父親的權威、冷漠可能使自己承受痛苦。土星在五宮，充滿挫敗感與自我展現的壓力。

公平的是，每個人都有土星，都有自己的痛苦點，但放在每個人身上，所有人都會大叫不公，因為很難受、充滿挫折感，我們都會質疑：憑什麼我就要對應這些痛苦，為何別人不用？

答案很簡單，**只要我們有自己想學的「科目」，每個靈魂就有他相應的**

**苦難**。

所以，土星雙子的學習科目是交流與學習、土星牡羊想體驗力量、土星金牛想擁有價值、土星巨蟹想要懂得愛與照顧、土星五宮要建立自信。土星是一個神聖印記，它牢牢地守著我們當初的心願，給予每個人相應的、充足的困境，從各個方向壓制我們，讓靈魂記起那個承諾。最重要的是，就算你依然記不得也沒關係，無論如何，你一定會做這個功課，逃也逃不掉。

土星是所有靈魂學習的保證班。

## 業力：平衡自身業力，擺脫偏性

土星也稱作業力之星，什麼是業力呢？簡單來說，**業力是一種因果相生的現象，過與不及都會導致業力，中道則會平衡業力**。例如，一個人懶於打掃環境，就會遭致蟑螂蟲蟻橫生，無法生活，懶是業的起因，蟲蟻孳生是業的果。反過來，若一個人滿身潔癖，過於在意乾淨、動輒得咎，雖然不致有髒亂的業果，卻可能龜毛計較，導致鎮日焦慮憂愁，只能封閉過活。

過猶不及，都無法產生圓滿，都有業力要面對。如果把生命複雜的層次打開，把人們相互牽動的緊密影響計入，並把時間無限拉長，這裡面會有多少過與不及？依著人們的偏性，我們會有多少偏離中道的言行思維，一次次地顯現，一年、十年、二十年的累積。若把靈魂的長遠性考量進來，這些偏性恐怕更是綿延不絕、積重難返。

靈魂投身地球，是為了學習與成長，而這些沉重的偏性，就是我們重要的功課。只是我們不知道過往有什麼故事，這輩子一出生，拿了個土星印記，就直接來上課了。土星與苦難相生，又跟業力相關，很容易讓人有種被懲罰的感受。

如果理解業力的本質，就知道本命土星的星座、宮位——那些逃不掉的痛苦、充滿險阻、匱乏之處，其實不是懲罰，都是靈魂長久以來的過與不及，所造成的自我障礙。不管你是土星牡羊、土星巨蟹，還是土星在哪個宮位都是如此。

個人從來不是單獨存在的，一個人的偏差必然牽連周遭他人的陷落，他人的陷落又構成更多偏失，隨之往外牽連、賠上群體的資源。到了這層級，終將形成強大的業力印記，人與人彼此環環相扣，誰也無法脫身。

土星應緣而生，它未增一分，未減一分，只是公正地將偏差之處顯現出來。例如前面打掃的例子，懶於清理，自然遭致髒亂之苦、遭人鄙視，甚至引發大規模的衛生問題，影響眾人健康。只是當我們被蟑螂蟲蟻煩擾不堪、人緣低落，又不記得以往自己的惰性和對眾人的傷害時，當然視之為苦難。其實哪有什麼苦難？不過就是宇宙的平衡之道。

前面談到，土星代表物質界第一大法則：承擔苦難、付出代價，生命得以學習、成長。**從業力這個角度來說，甚至於「苦難」這一詞都要重新定義，恐怕也只是「應受」，如是應受，最終能修正自我。**

這是靈魂投身地球，最重要的承諾之一。小我只想安全舒適，但靈魂會想學習、自我校正。所以土星帶來的這些「科目」非常重要，不單純只是要學會一個技能或擁有好人緣，重點是平衡自身業力，使靈魂有機會擺脫偏性，以及偏性所導致的一切重複又重複的糾結、紛擾。

## 恐懼：迎向恐懼，從根處化解障礙感

土星功課很難，原因在於這些議題多半是從小時候就開始經歷了。從身體的弱點缺陷、個人能力的缺失、原生家庭問題、人際問題，到學校、社會、文化中的限制、考驗等，它以各種途徑，從出生到整個成長過程，不斷將「科目」型態展現給當事人，乃至終生，我們都會收到相關的「考卷」。

土星意識並不難懂，但對絕大部分人來說，實際在其中經歷，一張張令人痛苦的考卷找上門時，很難從負面的心境中脫身，更何況，這些困境都是從小正面遭遇，在一個人還稚嫩、毫無防備時，直接套在身上。

這些苦難所造成的效應，不只是扛了一個難關，在現實上感受辛苦而已，重點是，心理上會引發各種反應，並形成長期的影響，最常見的就是——恐懼。

例如土星雙子的朋友，可能因家庭特殊處境，在失學的經驗或各種原因下，出現學習障礙，或是天生有些結巴、聽力弱的問題。小時候，這孩子不斷在交流溝通或學習上遭遇挫折，他搞不懂這是怎麼回事，就是沒辦法像別人那麼自然、順利地學習、思考、溝通。也許經歷了許多波折後，他勉強能識字，可以上學或跟人交流，但是過程中的考驗、一再發生的挫折、痛苦，最終使得他心理充滿陰影，害怕學習、抗拒理解新的東西、不願打開自己的社交圈……這是土星意識所帶來的常見反應。

各式各樣的土星困難會引發不同形式的恐懼感、排斥感、被壓制感，而這些感受又會堆疊起來，圍繞著原本的議題，增強當中的困難性。

所以，與其說土星所帶來的難關不容易過，不如說是土星帶來的恐懼反應，使得我們不斷在難關中打轉，解不開題目、找不到出去的路徑。

要克服難關，可以有無數的方式去努力，但要克服恐懼並不容易。人們總是下意識地自我保護，逃避任何使我們害怕的處境，最後選擇最安全、最封閉的方式過活，控制好一切變因，不再跨出去一步。但再怎麼防範，業力總會從防堵的裂縫中冒出頭來，不斷地閃躲，將使生命退無可退。

**唯一的出路，只有面對。**

土星這堂學習保證班並不保證你學會解開難題的技巧，而是**保證你的心能「勇敢」**，終有一天能充滿力量，堅定地面對恐懼，和自己在一起。就像土星雙子的朋友，長大後每次要面對新知識、新技能的學習時，可能都像第一次翻開課本般，本能地掀起恐懼，心裡顫抖不已，但若他沒有被抗拒的力量拉走，只是陪著自己，一次一次地鎮定下來，一次次試著理解、練習，十次、二十次不夠，就一百次、一千次、一百萬次。等到練習了一百萬次，再荒蕪匱乏的內在，也被練出能力，建立了強大的心理素質。

最後，不是恐懼突然沒了或僥倖逃開恐懼，而是因切切實實地面對，從根處化解了恐懼。到了這一刻，不管題目有多難、要怎麼解、要花多久時間，也都不是問題了。

一位小時候有學習障礙、交流恐懼的土星雙子，反而可能成了學習大師或是社交能人。

恐懼若不能摧毀我們，便能成就我們。

## 經驗與密度：接受更多的承擔，累積更高的密度

土星的世界裡沒有天外飛來的奇蹟，要克服恐懼、平衡業力，唯有熬過、努力練習過。土星的一切都是累積而來的，不像木星帶著一種直觀、一種開闊的信心。

在行星的排列中，木星在土星之內，所以木星意識其實是奠基在土星裡。意思是，如果沒有經過土星的鍛鍊，木星再開朗、再能洞穿真理，也是漂浮於空中的樂觀。或者說，當木星的智慧真正開啟時，一個人也必然會臣服於土星意識。

土星談一步一腳印、積沙成塔，**它的意識與線性時間息息相關。**一天一天、一年一年，日積月累地靠經驗學習、從失敗中收穫，然後越來越有把握。像沙漏一般，時間久了，一小撮沙堆也能成沙丘，沙丘也能累積成一座山。

累積，會出現密度、厚實度。經歷過土星意識洗禮的人事物，都會變得

堅強實在，密度明顯增強。土星對應骨骼，就像那些從小接受生活的淬鍊，與自然原始搏鬥下成長的人們，常常生就一副崢嶸的筋骨，身形厚重結實，像鐵打的一般。頂著風吹雨淋長大，人就變壯了。

懂了土星，有什麼傲氣、嬌氣、壞脾氣、急性子都要放下來，什麼都要用時間換、什麼都得練。一次次磨，一次次折騰，最後稜角被消磨了，壞脾氣被熬出了空間，人也就從輕狂的少年，有了穩重的痕跡。

在線性時間裡，密度變高了，也代表時序上的推進——變老了。

木星代表每一年我們「長大」一些，土星每二至三年經過一個星座，所以是每二至三年「老」一些。這個老，**指的是心靈上接受更多的承擔，也是身體上經歷了挑戰後，身體密實度增強與老化**。

土星環行太陽一周約二十九年。所以，二十九歲、五十八歲是我們的重要週期，也就是土星回歸期。這個週期與「老」有關，或說是與成熟有關。「三十而立」到「六十從心所欲不踰矩」，很有道理，因為土星每走過了黃道一圈，我們從相對的青澀中變老了，經歷了夠多的難處，更成熟、能自立乃至世事圓融。

但不是時間很長、人變老了，就一定在土星的試煉中過關了。你可能身體老化、心靈不復純真簡單，但有可能依然不夠成熟，總有哪裡帶著脆弱、不安。這種老，密度不太高，顯得有些悲催、滄桑。

土星的高密度不受外觀、成分所決定，而是在質地上，變得扎實具韌性，經得起考驗、處處通達能成，在物質現象如此，更能顯化在心靈內在。一樣是碳元素的組成，鉛筆芯一折就斷，鑽石卻是世上最堅硬之物。堂堂七尺之人，有的一遇困難便迴避、抱怨，總是在關鍵處放棄，讓他人承擔，但有的卻能吃苦耐勞，忍人所不能，能人所不能，成就大任。

## 權威與傳統：傳承經驗，成為大梁

經歷了漫長的磨練後，成熟的土星意識的確能成就出各種領域或意涵上的「權威」，例如土星在五宮的人，小時候也許缺乏自信，害怕表現，但憑著孜孜不倦的努力，刻苦練習，在某項才華上成了令人欽佩的職人；土星在九宮的人，可能生活在信仰嚴肅或威權指導的環境中，但頂著壓力一路爬升，最後成為學術權威。

土星所連結的行星、所在的宮位，使我們特別容易碰到相關的權威壓力，但反過來則推進我們成為某種領域、特質的權威。不得不說，媳婦熬成婆時，土星權威也可能成了另一種限制力量。好不容易站上權威的位置，這下子換自己，用年紀、背景、經歷、權勢來壓制他人，同時變得無法更新，也沒有心量接受任何挑戰，一旦被挑戰，就會勃然大怒，引發強烈的鎮壓。

土星的確是嚴肅的、毫不寬貸，然而這些並不是土星意識的重點。

木土的行星意識蘊含在**社會群體的法則之中**。放在群體中的土星，若為了個人或少數團體的利益、權位，樹立了某些典範，就再也不允許更新，無限制地壓制群體或自我壓抑，乃至將所有人的願景或自由性摧毀了，社會停滯，整體沒有發展的可能性。很明顯，這樣的土星意識反而不升反降。

嚴厲、限制是為了讓人們無法輕易逃避。有了約束、現實條件的壓力，人能學習，群體能健康成長，究竟來說，**土星的核心仍在於成長，去學習負**

**責任並謹慎地行使中道。**

和木星一樣，土星也帶有老師的意涵。**木星老師給鼓勵、給資源、給智慧；土星老師給戒律、給壓力、給限制，要我們練。**擴大來說，只要是群體長久運行、累積出結構化、具限制性的經驗法則都可類比，如社會運作下的罰則是我們的老師，社會現實的殘酷，也是我們的老師。

傳統當然也是。土星意識談經驗、累積、老，這些意象都與傳統息息相關。在自由風氣下生活的當代人，對於傳統可能既不熟悉，也充滿質疑。

傳統是什麼？對土星意識來說，傳統就像荒野中的古道，歷經無數前人篳路藍縷的探索、開拓，時間久了，自會形成一條條有序的道路，無須鋪設柏油也平坦清晰，因為上面滿是一代代人們的足跡，每一步牢牢地踩在地面上，步伐不斷堆疊，乃至野草不生。我們會知道哪裡是捷徑、花多少時間，哪裡不可行、哪裡有危險。

因為傳統，我們能站在前人寶貴的心得與經驗結晶上，更快速前進，甚至超越原本的成就。在經驗的守護下，我們能避免錯誤與危險，群體得以最安全、最有益的方式存續下來，屹立不倒。

不管是權威還是傳統，都是土星意識的顯化，**真正的目標不是壓制，是經驗的傳承、生命命脈的守護**。土星意識走向成熟的人，都是大梁。

## 圓滿：一次次扛起重擔，完整自己

真正的土星意識，是一種能頂天立地、不偏不倚的堅實。

像拔地而起的參天大樹，有強大的承擔力，能頂受挫折、被檢視，一再從失敗中，再次挺起腰桿向前行。若要給予他人壓力時，是因為自己已頂下最大的壓力，要施展戒律時，是為了守護群體的安定。

堅實並不必然走向僵固，但恐懼會。僵固的土星依然是恐懼的產物，如果個人乃至群體的土星逐漸出現封閉、自我維護的頑固，不管這土星發展得再悠久、權威的地位有多高，將重新進入土星的學習週期，業力之輪啟動，無法更新的土星形成偏失，又在下一輪的旅程中打回原形重修。

土星的重修機制讓人類一次次回到原點，嘗盡苦頭。又因為群體內彼此牽連，使得這業力系統如同一張大網，將所有人綁縛其中、脫逃不出。深埋於靈魂內土星意識，像一雙公正不帶情感的眼，收攝一切生命運轉，靜看世間輪轉。

人們為何害怕土星？因為害怕土星的嚴厲，更害怕生生世世深陷於業力債務中，**要翻身，只能扛起來練**。土星掌管物質界基礎法則，是鎮守在二元世界的界碑，其中深意至此我們能澈底理解了。

當靈魂進入成熟的階段，意味著內在必然擁有深厚的土星意識，不管星盤上的土星帶來什麼，越加願意接受淬鍊，甚至主動找苦頭吃、走出舒適圈、承擔重責。原因無他，就是**領會了生命的本質，願意與土星配合，認認真真投入這場無與倫比的學習，為自己未竟的業力學到底**。土星會老，老了就會凋零，那是自然的定律。因為毫不保留地努力了，凋零並不遺憾，反而從痛苦纏縛的界面鬆開。甚至於痛苦早已不是痛苦，回望路上踽踽而行的人們，那些土星悟者，若還有一絲貢獻的可能，仍會將自身鋪墊在底，默默為後人奠基。

如果生命再來一次，不需要苦於如何解開枷鎖，為了群體的生生不息，願意一次次扛起重擔。土星完整了它自己，迎來了真正的圓滿。

| 土星星座 | 生命關卡 | 成熟表現 |
| --- | --- | --- |
| 牡羊 | 生命活力、獨立性、自主意志遭受壓迫、限制，具被害感。 | 具堅忍的意志力、穩健的力量、能深刻地自我表達。 |
| 金牛 | 家庭窮困、物質匱乏、個人價值低落，缺乏安全感。 | 具頑強的耐性與毅力、高度商業或生產能力、成為支柱。 |
| 雙子 | 失學、學習障礙、口耳等交流障礙，或環境中交流困難。 | 具系統性思維、高度邏輯力、實用性思維、擅長經驗法則。 |
| 巨蟹 | 家庭情感孤立、關係冷漠，家庭狀況不穩定或沉重。 | 具堅實的情感力量、對他人的支持力、能實踐情感需求。 |
| 獅子 | 無法展現光芒、創造力，遭遇高度競爭或打壓，自尊高度敏感。 | 精神力強大、充滿行動力、專業的才華展現、領導力。 |
| 處女 | 家庭環境失序或變動性過大、身心緊繃、工作規律議題。 | 高度精準與效率、能掌握自然節律、身心療癒能力。 |

8-1　土星十二星座的生命關卡與成熟表現

| | | |
|---|---|---|
| 天秤 | 父母關係問題、社交障礙、伴侶關係不良、合作問題。 | 人際能力深受信賴，對法律、關係責任等具卓越見識與能力。 |
| 天蠍 | 情感傷害、內在欲望遭到壓制、情緒障礙、資源財務問題。 | 具高度精神力和自控能力、能推動潛意識的蛻變、深刻理解人性。 |
| 射手 | 家庭信仰僵固、缺乏軸心力量、價值觀與父母牴觸、失去方向。 | 具嚴謹的信念、能實踐真理、堅定地追尋真理。 |
| 魔羯 | 家族高期待、成長環境嚴苛、社會地位低落，遭受傳統、體制或階級的壓力。 | 刻苦耐勞、對成就具強大的驅策力、嫻熟世俗法則、能建立卓越結構。 |
| 水瓶 | 家庭環境複雜、缺乏身分歸屬、害怕自己另類的表現，或不被群體接受。 | 具多元實用的識見、強烈的社會意識、社會責任感。 |
| 雙魚 | 出生環境動盪、身分問題、父母或個人精神狀況、體質特殊。 | 具強烈的奉獻能力、感悟反省力、靈性實修能力。 |

| 土星宮位 | 磨練途徑 |
| --- | --- |
| 一宮 | 早年承受困苦或限制，外在環境或身體沉重、帶著阻礙，人生態度嚴肅，具超齡的責任感、現實感。 |
| 二宮 | 成長環境貧困，對物質世界帶著恐懼，容易焦慮貧窮，無法感受安全，缺乏自我價值，透過累積財富證明自己。 |
| 三宮 | 人際交流上出現困難，不擅溝通、言語遲鈍，或發音／智力有障礙。求學時遭遇挫折，思考壓抑，接受新事物較慢。 |
| 四宮 | 家庭環境困難，父親嚴格冷漠、家人情緒疏離，需要為家庭背負重擔，無法感受歸屬，自我批評、感覺孤獨。 |
| 五宮 | 早年時個人獨特性、玩樂、創造力遭到限制，無法自在展現自我，難以享受愛情，刻板、自我懷疑，創作認真嚴肅。 |
| 六宮 | 日常生活僵固、注重繁瑣細節。工作苦悶、壓力大，難以得到讚賞。身心緊繃、悲觀，因過度工作而使身體運作受阻。 |

8-2　土星十二宮位的磨練途徑

| | |
|---|---|
| 七宮 | 在關係中面臨考驗。遇上專制、權威的伴侶或困難的母子關係。將內在沉重、悲觀投射在伴侶身上，需要關係提供穩定性。 |
| 八宮 | 害怕親密關係或性，無法放鬆、敞開自己，擔心強烈情感、欲望不受控制。可能有遺產、稅務、資源分享等問題。 |
| 九宮 | 家庭保守或具傳統宗教背景，精神發展壓抑，具有僵固的律法觀，重視形式。害怕自我擴張、冒險。 |
| 十宮 | 以傳統價值標準，來判斷自我成就，事業發展遭遇困難、延誤，需要付出極大努力才能獲得事業成功，大器晚成。 |
| 十一宮 | 在群體中感到威脅與壓力，社交障礙，害怕遭到友群排斥，以嚴肅、正式的方式與朋友相處，害怕打開疆界。 |
| 十二宮 | 內在有深層恐懼，害怕與整體合一，生命充滿拒絕感，感覺不到肯定，強烈罪惡感或失落感，自我懷疑。 |

第九章

# 天王星

突變，
生命向全新躍進

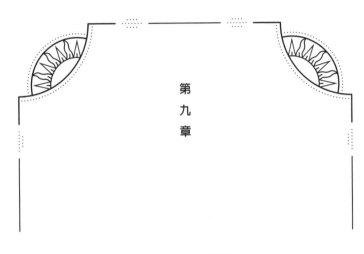

## 行星意識

### 變與無常／脈絡與平衡／反重複／爆發／獨立／觀照／進化

土星是鎮守物質世界的，離開了土星的界域，開始來到天王星、海王星、冥王星——宇宙性的意識型態。天王星是一顆非常奇特的行星，它的自轉軸幾乎平貼在公轉太陽的軌道上，完全迥異於其他行星。奇特、變異，的確與天王星的意識相關。

#### 變與無常：宇宙萬物沒有恆久不變的

天王星每八十四年繞行太陽系一周，路徑比土星長得多，即使它一直是太陽系重要成員之一，但因為行進軌道較外圍，早期的天文家並沒有觀測到這顆星的存在，傳統占星範疇中當然也不存在天王星。直到近代，西元一七八一年它才被發現並正式被納入太陽系家族，並在接下來的數百年間，逐漸融入占星學的領域中，最終成為現代占星中重要的一員。

由於占星是人與天象交流的一門學問。天王星出現在人們意識裡的時間點，很值得探索，因為這個時間點——十八世紀，正是人類歷史新頁，從法國大革命到美國獨立，無數人拋頭顱灑熱血，用生命交換政治改革的大翻轉。

對於現代人來說，那些歷史名詞太遠了，聽了恐怕沒有什麼感覺。但對當時的人民來說，卻是石破天驚的大事，人們推翻了數千年的君主貴族統治結構，權力下放中產階級，集體從傳統政體中突破而出。這一切相對於過往歷史，簡直太新穎了。

這個註定不平庸的時代，天文觀測上發現了不平庸的天王星。天王星的出現，呼應了十八世紀的超越性，顯示出人類對生命的探索，已不限於土星以內的物質界法則，從此，將能更進一步探索宇宙意識。

天王星很特別，它的意識跟「變」有關，它談變異、意外、無常、突破、創新。宇宙萬物是恆動的，不管是自然或人事、物質還是能量，都在各種變動的週期中，**天王星談的就是有關「變」的一切法則。**

這個「變」，是高於土星力量的。土星重視累積、耐力、經驗，它說：「要有所得，必須付出代價。」「成熟，需要一次次失敗的學習與累積。」這些沉重但踏實的法則，主宰了人類靈性演化的基礎，但只有這些，再堅實的典範，最後都要面臨消亡、成為遺跡。精神能長存，但精神的內涵卻有賴新一代的咀嚼才得以傳承，土星無可避免的要遭遇天王星的衝擊。

沒有一個現象是恆久不變的。沒有一顆行星會停下一秒，再堅硬的岩石，經過萬年也會成了細沙，再健壯的生物，也會老死，再深的情感，終也得道別。宇宙裡沒有不散的宴席，當然在最玄妙的根本之中，也沒有永遠的分離。

只是，帶著安全感議題的人類，對於「變」與「無常」，先天很難不抗拒。土星法則雖然讓人痛苦，但含著淚，熬久了，也能開出花來。天王星法則卻叫你不要抱著這朵花不放，這難不難？對很多人來說，太難了。

## 脈絡與平衡：變化來自於平衡的動力

天王星意識代表「變」，有「意外、無常」之意。既然是意外、無常，多半沒有辦法預測，正如「天有不測風雲」這句諺語，也許安排了出遊，一出門卻傾盆大雨，或者累積數十年的資本，遇上了金融風暴，許多變化總是猝不及防，在我們期望之外、令人無奈，甚至為生活帶來重創。

「無法預測」這個點很傷腦筋，也使得我們看天王星總有種懼怕，不知如何理解這顆行星。

若深梳天王星的行星意識，與自然現象相互對應，我們會發現，所謂「無法預測」，其實是有待商榷的。這世上真有憑空冒出的現象嗎？例如「天降大雨」，細細拆解後，從季節運行、地勢、陽光強度、地面水蒸氣的流動，到積雨雲的形成、最後下雨。下雨的一瞬間是突發的，但背後是一系列作用疊加的結果。至於「金融風暴」，更不可能是一個憑空而來的事件，背景可能是大國之間政治、資源議題、金融漏洞加上各種疏失，有原因、有過程、有各種複雜又相連的環節，如滾雪球般，最後醞釀出一個經濟危機事件。

所以，**這世上的「變」並不是無法預測，背後都有脈絡，只是大部分我們未能察覺，察覺不到，就成了「意外」和「無常」**。從一個平凡上班族的角度，看著打拚一生的積蓄，因為一場金融風暴而損失大半，此人在鉅變中承受，怎能不哀怨、不驚嚇？但實際上這交織了所有人的劇本不是意外，只是限於個人視野的局限、對整體經濟脈絡缺乏嗅覺，而無法有所警惕，在事前洞悉。

宇宙內一切現象，打開來看，從可觀察的物質、能量，到不可觀察的精微現象（例如心念、情緒），任一個當下在某個角落的我們，都生活在一個巨大的整體網絡之中，裡面有多少動態粒子，又有多少粒子凝結成的伏流，從伏流再形成大型脈動，時時刻刻、日復一日地累積，並且依照它的內在律則，系統式地突變與釋放，造成巨大變化，產生全新模式。

生命無常，卻並不是如擲骰子般，毫無來由。

即使在人生道路上看來單一的突發事件，例如突然有了新戀情、被人背叛、有天遇上經濟危機、他日又發了財……這一切在生命整體的網絡中，恐怕並不是隨機，一切依循著它的脈絡，甚而延伸至久遠不可知的過去，至生命的某一段、某一刻翻出了以往的軌道，有了新軌跡。

這些不同於以往的新軌跡，往往帶著一種破壞感，把我們從原本習慣或安適的狀態，硬生生地撞出來，或斬斷了穩定的連續性。其實，破不破壞是結果，或者連「破壞」這一詞，都是我們對各種現象所附加的額外評論，未必是它的本質。

如果我們能看懂脈絡，進一步理解天王星意識的「變」，就能看懂變化的關鍵作用，**來自於「平衡」**。

以水壩潰堤為例。沒有人知道水壩哪天潰堤，若突然間潰堤了，水壩治水蓄水的功能沒了，幾萬噸的水瞬間湧出，這當然是個天王星式的意外，但潰堤本身，是自然平衡的結果。水太滿、超出堤壩的負荷，或堤壩本身有脆弱點，在積年累月中逐漸暴露出來，潰堤只是將不平衡釋放出來。

面對變化帶來的措手不及，與其恐懼，倒不如覺察平衡，回頭看看哪裡過剩了、多了，哪裡弱了、缺了，哪裡有所偏重，又一再重複累積。動態系統中的變因累積到一定程度，在特定時機中，自然就會給你一個「意外」或「無常」。

**在平衡、釋放、突破之中，精神體因而解開反覆累積的過往模式，產生革新發展。這才是天王星意識的重點。**

## 反重複：突破重複，邁向全新自我

每個人星盤上都有天王星，但並不是人人都有強烈的天王星意識。天王星、海王星、冥王星意識都不在我們熟悉的範圍內，較之土星、木星更加奧祕，在人們習慣的思考路徑之外運作。三王星以一股涵括宇宙整體的勢能，存在於我們之間，人既是其中協力創造的一分子，也被它推動著。

我們難以理解，也無法抵禦天海冥意識，更不易主動調動。

對於多數人來說，天王星所座落的星座、宮位，只是隱藏於生命中的一股衝動，在我們重複而麻痺的小日子中，偶然爆出變化。有時是因為自發的、無法解釋的衝動，有時則從無意識中召喚出外力外境，而經歷意料之外的發展，例如天王星天秤的朋友，小時候也許曾遭遇父母婚姻破裂的意外，或在自己的婚姻中突然發生情感問題；天王星在九宮的人，可能一股腦兒地想出國留學，或突遇機緣非得出國不可。雖然底層是平衡與突破的驅力，但過程中人們大多不知究理，只能在衝動中行動，或在驚愕中接受，被迫展開生命的新篇章。

但有些人因為星盤的獨特分布、生活環境、文化的養成，特別熟悉天王星意識。那些隱微的衝動，化成了強烈的直覺，這類天王星型的人對「重複」的訊息特別敏感，不用透過思維分析，凡是一再重複的舊模式，當下便會排拒，直覺地跳出去。例如有些天王星落於二宮的人，從小特別抗拒傳統謀生概念，對金錢的看法迴異常人；天王星落於七宮的人，也許厭煩一般的關係模式，總想嘗試非常態的伴侶關係。水星連結天王星的人，則受不了教科書式的思維，滿腦子創新的點子，只要想法落地、被實現、被宣揚，又會使得他們再次生出新點子；太陽天王星有緊密相位的人，傾心於前人未曾踏足的領域，喜歡高科技、新創事業，有的甚至一生都在時代尖端衝刺。

這些天王星之子十分靈動、充滿創造力。因為無法重複同樣的軌跡，一嗅到反覆、陳腐的訊息，就迅捷地跳出來。他們擁有比其他人更大的自由性，不受原有軌道、原有框架的拘束，也因為無時無刻不敏銳的嗅著各種訊息，在舊模組尚未出現危機時，便能直觀地察覺問題，從中迸發新可能、突破限制。

人們一旦發展出成熟的天王星意識，在社會各個領域裡通常有優異的表現，在大眾驚豔的眼光中不斷創新，甚至領先大眾、領先當代。

天王星意識是我們內在深具潛力之處。人，習於重複，重複能建立堅實的基礎，使人感到安全，這是土星的力量。但塑出形、定了型，重複久了變成限制。**天王星的力量，使人有機會擺脫安全感、瞬間打破原有的天花板，生命得以向全新躍進。**

## 爆發：能突破限制，也能造成大破壞

天王星談宇宙一切現象平衡、突破的脈絡。那麼，打開其中縱橫交織的脈流，我們自身、周遭乃至廣大宇宙之間，各種各樣的動態粒子蘊藏了無限的能量，相互累積、連結、撞擊。當能量匯集到一定程度時，便會形成閃電般，劇烈且巨大的能量釋放型態。

高能量、快速變動、不可預料的「電」，的確是天王星最常用的象徵之一。

星盤中天王星能量強的朋友，都有類似的「放電」狀態。例如天王星與火星有相位者，常常爆發出一股突起的力量，行動迅速、創新，能猛然打開身體或外境的限制；天王星與金星有相位者，在情感上活力充沛，總是遇上突如其來的情感經驗，關係之間刺激、猛烈。有趣的是，天王星在一宮的人，有時甚至會有一頭如電流竄過、奔放不受控的天然亂髮（一宮與個人外在形象有關）。

天海冥之所以被稱為宇宙性行星，因其行星意識已不受物質世界所限，透過意識勾動，能引發出超越個體限制的大能力。而天王星意識高度發展的人們，好比聚合閃電的管道，擁有巨大的爆發力與靈敏度，能破陳腐、開新局。

然而，也因為這些能力的超越性，**若沒有足夠的認識，爆發、跳脫框架帶來的，反而是難以預料的破壞**。天王星在八宮的人，擁有強大的心靈洞察力，可以穿透人性的黑暗腐敗，也可能輕易拋開社會倫常，將性視為享受刺激的樂園，或無限上綱地追尋神祕體驗。天王星與火星有相位的朋友，具有大刀闊斧改革的行動力，卻可能將不滿化為暴力，成為關係裡的危險人物。

這些朋友不但會放電，也習於這種放電的狀態，喜歡放電的刺激感，所以他們總忍不住追尋變化多端、刺激、讓自己興奮的體驗。長久下來，在行為上形成刺激導向、沒有定性、衝動、容易爆發的狀態，以致於人們普遍將之視為典型的天王星表現。

其實，**不斷追求刺激、善變、破壞力強，僅是天王星意識片面的展現。**

連結了宇宙變化的本質，天王星意識當然充滿推進力，能引爆能量、衝破常軌，但若看不清這能量的來龍去脈，只是本能地追尋刺激，不管一時間的體驗多麼特別，還是用力甩開了什麼限制，最終也只是曇花一現，純粹滿足了個人的刺激感，更不要說衝動成習，一再將原有成果傾覆，將造成個人生命缺乏根基、難以發展。

天王星超越了土星的界線，但另一方面，天王星意識仍得與土星相互為用，不然生命就如同流沙，無法回顧、無法驗證，也無法成長。

成為天王星的代言人並不簡單。每個人的星盤中都有天王星的存在，這是人類得天獨厚的禮物。可惜的是，大多數人對自身這份禮物感到陌生，少部分人樂在其中，卻無法收拾一地殘局，只有難能可貴的人得心應手，將之與人生的大方向結合，為生命的成長加足了燃料，一舉衝破天際。

存在於天王星意識中的跨度，使人不禁喟嘆，我們離星盤所象徵的潛能太遠了，同時卻也得到明證，人類意識的確有高階發展的可能，而且無法估量其潛力。

## 獨立：脫離內在的纏縛

天王星是不受拘束的，它只在宇宙整體運轉中，看似無常但有序地變化著，所以天王星意識對壓制的力量非常反感。若有現象固著不前，持續壓抑改變，它會本能地予以回擊，壓制力越大、越固著，引發的反抗、逆反力量就會越強。

天王星能量強的朋友，常給人一種毫不妥協的前衛感，不服從權威、自在任性，對於體制、規範，總是抱持質疑，率先發難，甚至做出各種令人咋舌的奇異言行，以反抗壓制。

**天王星的行星意識，與顛覆、無常、逆反關係密切**。星盤中，天王星所在之處都帶著顛覆、逆反的意思，如天王星四宮象徵著原生家庭的無常、內在的顛覆；天王星六宮是工作型態的逆反。金星天王星有相位的人，可能會有顛覆社會認知的戀情，如老少配、跨越宗教、種族之戀等。

很多人以為天王星是瘋狂的，其實並不是。天王星意識是直覺式的，對於重複或壓制的模式絕不妥協，叛逆是天王星意識的自然反應。然而，若只在表面上反對一切，以叛逆行徑吸睛，缺乏真正翻轉的力道，其實已脫離了天王星的深刻意義。正如十八世紀之所以能成就革命性的歷史，奠基於數百年科學發展、知識散布的成果。人類不再蒙昧無知，更多人的心智受到「點亮」，**心智不再依附，不再被偏見、狹隘所控，才能以獨立的內在，爆出推翻舊制的創新企圖與行動。**

獨立，對於天王星意識的展現，非常重要。真正的獨立，不是來自於擁有多少資產、高深的知識理論，也不是霸氣地為所欲為，或時時只想推翻他人權威，而是內在帶著透澈，不會被自己的慣性、偏見、價值需求牽著走，抽離當下內心種種纏縛，能客觀地觀察自我與環境間的處境。這樣不被慣性束縛的「自主」性，確保了內在的獨立。

最後，分析也不需要了，憑著一股清明自在，便能從限制中跳出去，以致於能拋頭顱、灑熱血，為之獻身，創造出具有翻轉力量的全新模式。

個人星盤中的天王星，若呈現負面表現，衝動、自我、為叛逆而叛逆，其實就缺少了這個關鍵。也許對僵固、傳統嗤之以鼻，離經叛道，很有自己的想法，但因為沒有真正的獨立自主，也沒辦法真正革新。

天王星的反叛、革命，本是一股透澈客觀、不被束縛的清透覺知。若是一股盲目的激情，附在無法察覺的匱乏、自我習氣上，揭起造反的大旗，造反都是假的。把王權推翻了，只為了將資源權勢搜刮進一己囊中，結果一王打倒，又起一王。

一個人擁有真正的獨立性，才能保持創新突破的成果，一群人擁有真正的自主性，才能翻轉歷史。談到最後，天王星的叛逆、革命，要革的不是父母或哪個權威、哪個體制的命，**要革的是「自己」，看懂內在慣性、陳舊，並一舉將束縛革除、脫下，這才是天王星級的革命。**阻擋自己的，一直都是自己。

## 觀照：能「觀」，自然躍出生命出路

天王星走過黃道一圈八十四年，凡七年經過一個星座，在此之間出生的朋友，被歸屬在同一個天王星世代。天王星世代突顯出同一群體最具直覺的地方，在某些性質的事物或概念上具有洞察潛力，並且有意識或無意識地，從其中反覆模式突破而出，充滿創新的可能性。例如天王星處女的朋友非常適合從事研究，他們能在規律與細節中，敏感地嗅到突破點，迸發創見；天王星在天秤的人，則對訊息的均衡性極為敏銳，在人我對應或關係法則上，能靈機而動，翻轉出意想不到的創新型態，或將衝突不調的概念和諧化。

要注意這裡的用詞。星盤中存在天王星，只代表我們具有獨立創新的「衝動」「可能性」，而不是已具備了「能力」。**要能成熟的使用天王星的力量，人的內在需要經歷大規模的質變。**

**天王星意識，必須與自我觀照的能力相輔相成。**

人有一種獨步於其他生物的特點：向內感知的能力。這不是一般所熟悉的，眼耳鼻舌等向外的感知力，而是反過來，能回頭觀察自己的認知、感受自己的情感模式——一種自我研究的能力，這是人類所獨有，也是人類的終極學問。

人反觀自身，就如同打開了一個精密的觀察系統，全方位地打開內在現象。能觀察到自我與環境之間的對話、連結，捕捉人事物底層所交織的脈流，以及其中的陳舊與重複性。若將堤壩當作自我來比喻，這個向內觀照系統，可以無孔不入地深入堤壩的每個角落，看得到堤壩細緻的運作狀態，也看得到它與四周的關係，知道它是如何造就、如何重複偏差、發生缺損。

能「觀」，不用等到堤壩出現裂洞，甚至有了潰堤的危機時才做修正，當它只在某處裂開了幾條縫，我們就知道轉變已經發生，可以主動更新或者重新感受大壩的格局，改變原本的模式，直接翻轉為全新型態。

配合向內感知的能力，天王星的直覺不再是那種肆意奔放、任性而行的靈感，長期集中心神向內，沒有批判或執取，「觀」到了最後，自然在心中浮現生命出路，並能應機而動。天王星與行星有和諧相位時，特別能表現出改革、突破的氣象，在各領域造就革新。但即使是衝突相位，也能在向內觀照的守護下，大破大立。

其實，任何行星之間出現衝突相位時，往往展現自我矛盾、陷溺的狀態，但當一個人能以向內的視野去觀察，覺知了自己，就有辦法將自己拔出。就像破懷大於建設的天王星衝突相位，也能大翻轉、引動雷電般的力。於是天王星與太陽衝突相的人，成了革命先鋒；天王星與火星衝突者，在競技場上征服四方；天王星與月亮衝突的朋友，能突破萬難，達成最艱難的冒險任務。

## 進化：生命中所有的變化，都是進化的美妙機會

十八世紀是人類進化的重要里程碑。那不是暴力推翻前朝，自己再來成為皇帝的舊故事，人們試圖摒棄資源壟斷的貴族政治型態，尋求群體共存、生命共榮的新模式。

但距離十八世紀的二百多年後，我們再回過頭會發現共享共治、自由民主這些概念，仍充斥一堆問題，甚至於也沒擺脫少數人、少數資本掌權的景況，只是運作得更隱微，人們依然被種種現象所制，被操控得更細、更不知不覺。外境上，看起來都卸下了束縛，自由民主社會中，沒有人因為出身只

能當奴隸，不能當總統，但事實上，我們內在的枷鎖從未解開，乃至於這個社會也很難形成超越式的突破。

天王星很難，看似顛覆了什麼，往往只是讓我們看到了更深的束縛。天王星的發展，必須佐以人類心靈同步進化。人們得從自保狹隘、遲鈍粗大的生命型態，學會自我觀照、向內感知，具備獨立的力量，充滿靈感的應機而變，才能成為足以掌握天王星意識的高階靈性生命。

不能只是群體中鳳毛麟角的那一兩位，靠幾個天王型的天才、先知帶領大眾前進，而是得等到集體的心智（至少一定比例）逐漸具備這樣的能力，才能贏來歷史的重大突破。**因為天王星不是個人性行星，是作用在集體層面上的。**

十八世紀末風起雲湧的革命，正值冥王星水瓶時期（天王星是水瓶的守護星）。二〇二三年起冥王星再度進入水瓶，這個新時代是人類是否能再次進化的關鍵時期。人們理解並發展天王星的行星意識，比起以往更顯重要。

天王星經八十四年走完黃道一圈，現代人均壽命也逐漸接近這個數字。

經歷了十二個星座、宮位的演進，完成了進化的一個大循環。想想十九世紀中，全球人均壽命只有四十歲左右呢！身處現代的我們，得以有更充足的時間，深刻地翻轉與革新。

每個人都具備進化的潛能。正如天王星指出我們是整體網絡交會的一個支點，我們本就活在變化中、不斷躍進，不管自願或非自願。我們從不可能停在原地。人若無覺，就只能等著宇宙無預警地踢一腳，從某個穩定舒適的狀態摔出去，摔得滿地碎片、被迫推進。人若有覺，則能主動嗅著自己與天地人交織的脈動，把握那些該變當變的時刻，乘風破浪，與自然之勢同行。

**掌握了天王星意識，在靜觀、在靈光乍現中，會明白「奮勇一躍」的重要性。**就像是理解了土星，人們會迎向困境，理解了天王星，人們就會勇於改變，看準時機、大步向前。變化充滿未知，但我們不會卻步，天地平衡之道指引著我們，生命中所有的變化，成了進化的美妙機會。

你為何而來？你想要去哪？在天王星的眼中，生命無非想體驗一場進化的旅程。

宇宙流轉自有道，旅程中的一切，不為我們所主宰。但如果你向天王星發出拷問，人有沒有選擇命運的權力？天王星會說：「你有，你可以向一切未知開放，選擇改變，為生命拚搏一把。」那麼，你便選擇了與宇宙同行的全新命運。

| 天王星星座 | 釋放點 | 革新潛能 |
|---|---|---|
| 牡羊 | 因競爭、侵略意圖而突發力量，或遭遇攻擊或衝突環境。 | 成為開路先鋒，直率狂熱，以行動或暴力衝破限制，社會人權改革。 |
| 金牛 | 面臨物質或資源的混亂、突發狀況，或感官物質上的衝動。 | 金錢新概念、創意，商業經濟改革，藝術創新天賦。 |
| 雙子 | 面臨整體環境中訊息、言語、思維的快速變動、衝突，或突發靈感。 | 原創發明，新思維的開創，教育、媒體、通訊、電子科技等改革。 |
| 巨蟹 | 遭遇家庭親人分離、特殊的情感處境，或從家庭婚姻中爆發獨立。 | 家庭婚姻的自由型態，新型態家庭觀，情緒、感知的解放、突破。 |
| 獅子 | 面臨愛情變數、創作娛樂環境的改變，或表達魅力的衝動。 | 自由戀愛觀，愛與性的解放，自我表達創新，創作型態改革。 |
| 處女 | 突遇工作變動、健康問題，或試圖脫離、打破重複性技術工作、規律生活。 | 工作型態、科學研究、科技技術等躍進，新型態健康概念出現，如自然療法、環保理念。 |

9-1　天王星十二星座的釋放點與革新潛能

| | | |
|---|---|---|
| 天秤 | 遭遇伴侶關係的變化，或無法安於傳統人際價值、交流方式。 | 伴侶關係新變革，社會法律改革，互動科技、建築、藝術新型態展現。 |
| 天蠍 | 意外捲入權力金錢等黑暗事件，或突發強烈的情感、欲望。 | 情感與性禁忌的解放，神祕現象新研究，科學突破奧祕，內在清理重生。 |
| 射手 | 向外開展的衝動，以異國經歷、冒險解放自我，或遭遇大規模文化變革。 | 宗教、哲學、教育新型態改革，多元文化、世界宏觀的全新展現。 |
| 魔羯 | 面臨政治、經濟體制變化，或對體制中的資源、權力結構充滿野心。 | 政治商業組織新變革，傳統觀念的創新重塑，對土地、資源展開全新研究。 |
| 水瓶 | 遭遇國際局勢動盪、科技超越性突破，或激進反傳統，充滿革命衝動。 | 科技科學大躍進，人道改革，社會開放革新，推動新時代的來臨。 |
| 雙魚 | 面臨全球化、宗教變革或物質衰退，或不時出現逃避的衝動、上癮傾向。 | 想像力創新，神祕學或藝術的高階發展，群體精神性的變革。 |

| 天王星宮位 | 創新翻轉途徑 |
| --- | --- |
| 一宮 | 具有與眾不同的自我形象，追求自由獨立，開創個人獨特道路。 |
| 二宮 | 試圖打破物質的安全感與束縛，渴望金錢運用上的自主性，追尋創新的賺錢方式。 |
| 三宮 | 心智創新獨特，學習上特立獨行，思考充滿超越性，具有原創力。 |
| 四宮 | 原生家庭獨特、無拘或缺乏穩定性，內在需要空間和自由，家庭觀念開放。 |
| 五宮 | 具突發的創作靈感，與眾不同的創造力、自我展現方式，渴望反傳統的愛情。 |
| 六宮 | 渴望多元創新的工作，無法接受僵化管理，身心健康的升級與質變。 |

9-2　天王星十二宮位的創新翻轉途徑

| 七宮 | 八宮 | 九宮 | 十宮 | 十一宮 | 十二宮 |
|---|---|---|---|---|---|
| 透過伴侶，體驗關係上的自由獨立、變化性，或追尋創新開放的關係。 | 渴望探索生命底層奧祕，體驗欲望或人性黑暗面，企圖認識死亡。 | 追尋真相，獨自發掘創新信仰、生命法則，具新潮信念，能閱讀未來趨勢。 | 期望完成原創性或前衛的成就，追求事業的高度自由與創造空間。 | 追尋多元開放的友群關係，具有創新、革命性的社群概念，參與團隊創新活動。 | 期待釋放、解脫潛意識深處的束縛，具靈性頓悟力，生命底層翻轉的可能性。 |

第十章

# 海王星

## 夢，
## 靈性合一的源頭

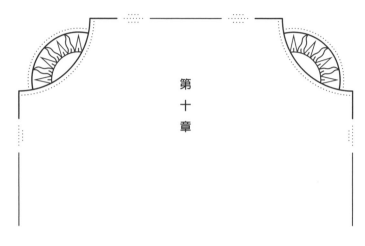

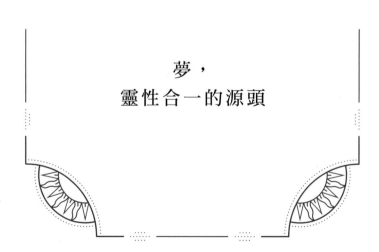

## 行星意識

夢／潛意識／消融／合一與愛／夢想與願景／夢的力量／脫離現實／回到當下

海王星環繞太陽系一周約一百六十五年，從一八四六年被發現，直至二〇一一年，它在歷代人類的目光中，總算繞行太陽系一周，過了一個海王「新年」。所以窮極人的一生，其實無法經歷海王星繞行黃道中所有星座的時光。

這樣一個深藏不露，在太陽系內靠近外圍緩慢移動的星體，與人類的集體潛意識深深地連結在一起。海王星是在天王星之後，經過數學推算找到的，成為太陽系一員後，現代占星挖掘出它的深刻內涵，並透過它理解人類幽深的底層。

## 夢：一切現象都來自夢的本質

海王星在現代占星中談的是「夢」，這個「夢」不單指人們睡著做的夢，而是泛指空想、夢想、白日夢、夢幻、願望、大願、願景等一切潛意識投射出來，化為各種型態的夢。

關於這些夢的討論，對很多人來說既親近又遙遠。親近的是，人們的腦袋時時刻刻都翻滾著各式各樣的畫面、聲音，裡面滿布著夢的碎片，我們對自己的「夢」再熟悉也不過。但遙遠的是，我們無法捉摸或控制裡面令我們著迷的境象，在現實運作中也只能將之全然排斥在外。

海王星成了星盤中的一個迷霧般的存在，它表現出我們內在虛無飄渺的部分，這個部分有什麼重要性？它的行星意識對我們有什麼幫助呢？

海王星也許跟獲取金錢、搞定生活瑣事、維持家庭和諧……沒有直接的關係，但天王星、海王星、冥王星這些宇宙性行星，卻指出人類意識的基底與終極方向。落在太陽系外圍的海王意識像一張膜，包覆了除冥王星之外的所有星體，它告訴我們：一切現象都來自夢的本質。

從這個角度說，我們在世俗世界、現實中的每一件事，都跟海王星有關。

## 潛意識：夢是潛意識的管道

擁有虛幻、缺乏理性邏輯、無法控制的夢，是人極為獨特的成分。海王星被發現並命名後三十年，現代心理學誕生（不意外這兩個歷史事件的連結性），心理學以科學精神為基，對人類心理現象構成、發展與治療方針展開全面探索。一八九九年《夢的解析》一書出版，揭開潛意識的面紗。透過弗洛伊德、榮格等心理學大師的努力，夢與潛意識有了系統性的理論基礎。人類幽深的內在被看見了。

如果將心靈比喻為一座冰山，浮出水面的少部分是表意識，埋藏水面下大部分的則是潛意識。理性、能自主的「表意識」與直覺、無法掌控的「潛意識」之間，比例懸殊。表意識大約只占意識運作約百分之五至十的比例，大多數時候我們的心智都受潛意識所主宰。人類心靈之奧妙，由此可窺知一二。

夢，是潛意識展現的管道。

「潛意識」啟發了我們對自身的理解，還原了人真正的樣貌。人到底是什麼？我們固然具有生物性身體，需要吃喝拉撒、有各種物質需求，但真正的我們卻非常神祕，我們是地球上絕無僅有的存在，「潛意識」又占了心靈絕大部分，這意謂著人時時刻刻都活在夢中，被潛意識主導著、回應著，構成了人的感受、思維基礎，乃至言行表現。深究之，我們其實是一種「夢」的生物。

夢，虛無飄渺嗎？對於我們這些夢的生物來說，**人的潛意識比起現實，可能更為真實、更有價值**。

**各個行星意識都深植於潛意識中**。然而，海王意識統括了一切，像一顆蛋的內膜，太陽、月亮、水星、金星……這些行星意識則是蛋裡的內容物，包覆在廣大的夢中，孕養於內。位於太陽系邊緣的海王星，是夢的邊境。

海王星引導我們退回潛意識的底盤，不單對應於哪一個獨特的潛意識表現，海王星指出潛意識是生命的基底，談人類本質的精神性以及現實虛幻、生命如夢的真相。

由夢、潛意識形成的我們，隱隱約約知道自己不只是這副形體所界定的樣子，知道生命不等於眼前現實所構成的一切。

所以，星盤中海王星能量強的朋友，都有點「奇妙」——高度敏感、纖細、空靈、關注金錢物質之外的目標，認同精神世界更勝於物質，忍不住被神祕現象所吸引。這些朋友嗅得出表象背後的訊息，意識到生命中「夢」的成分，也無法抗拒探索形體之下的精神之我，與生命終極意義。

有了海王星，煙火凡塵中的我們，透出了一股仙氣。

## 消融：消融人我、消融現實

天海意識非常特別。不管哪個行星的意識，都想在現實中掌握些什麼——月亮要有安全、太陽要有成就、木星要有資源。但碰到天王星，即使我們想要，卻什麼都掌握不了；碰到海王星，除了什麼都掌握不了，連現實的欲望都鬆開了。

如同夢的迷濛虛幻，**海王星意識會脫開物質、現實的層次，尤其放鬆現實的緊繃感**。最明顯的就是二宮，二宮與物質有關，海王星落在二宮的人，不但不積極追求金錢、物質，反而缺乏金錢意識，不切實際。在星盤中的海王星，不管座落在哪、與什麼行星相連，都是如此，例如海王星金星有相位的朋友，往往忽略情感中的現實處境，沉醉於飄渺浪漫的意象，無可自拔。

海王星意識帶著無邊的消融性，使我們無法分辨虛實的邊界，進而融化了人我的界線，甚至能消融身體的防禦界線，例如海王星落在六宮的朋友，比一般人更容易缺乏防護力，因為六宮主掌身體運作、健康規律，這裡的界域被消融了，盤主便缺乏了堅強的身體界線和規律的節奏，成了過敏體質或免疫力低落的潛在族群。

海王星的消融力常伴著「弱化」發生。沒了邊界、力量發不出來，海王星能量像是一枝奇幻的仙棒，人事物一經觸碰，全都變得浪漫、放鬆，不然就是懶散、病懨懨。

對現實生活來說，海王星的弱化不但降低了生命活躍度、積極性，更使生產力、防禦功能低落，怎麼看都不是件好事。但另一方面，卻使得現實的牽制力變少，人能從某種頑強的狀態退下來，例如對金錢的控制性、緊繃不放的腦神經等。

最重要的，在海王星的薰染下，「自我」弱化了，自保自利的個體型態變得渺小，沒有現實的依託，自我反而不真實了。

海的廣大、包容一切，也是海王意識最常見的象徵。從海的意象出發，自我成了海中的一顆小水滴，我不再是與殊異的、單獨的一個我，人們不再彼此切割、涇渭分明。

**海王星消融了「我」，帶著我們回到了生命的根底——「一體」。**

## 合一與愛：超脫人性，回歸一體

回到精神體的本質，自我不過是意識投射出的一個形象。人與人之間更像是一顆顆海中的小水珠，包覆在整體之中。這些晶瑩的小水珠（精神體），需要體驗自己，於是願望激起了浪，浪花使我們從海中脫離而出，飛濺出看似獨立、各自迥異的生命。

小水珠那精采的一生，不論經歷了怎樣的激盪，翻攪出大浪還是撞碎在灘上，這一生，原本就是一場形色匆匆的體驗、一場色彩斑斕的夢境。你和我，都是大海的一部分，或早或晚，終將回歸大海。海王星意識指出了人類獨特的生命型態。

海王星意識非常浩瀚，對很多人來說顯得虛幻，然而，因為人人星盤中都有海王星，實際上去體會它並不難。浸淫在海王星意識中，人們會被一體感充滿，從中升起純然的力量——**不再受自我阻擋，我們是一個整體，你我無從對立，我感受得到你，你就是我。**

海王星意識一路走下去，必然會走到合一與愛的彼岸。

海王星的愛與金星說的情愛不同，也跟月亮的母性之愛不同。海王星式的愛，帶著廣大的合一感，這分「愛」沒有分別、沒有條件論、沒有終止時間。

犧牲奉獻是海王星的關鍵詞之一。海王意識主導下，人們從自保的局限中解放了出來，有了將自己獻出的意願，不求回報地給予、不設界線地接納、退讓吃虧，甚至獻上生命，都能在所不惜。因為在一個整體中你好，我就好；你快樂，我就快樂。

最明顯的就是內行星與海王星有相位，或有木海相位的人，這些朋友都生就一副菩薩心腸，心軟善良，對其他生命的苦痛無法置之不理，當然也可能情感氾濫，任由自己犧牲受苦。

**海王星印證了人心之善，乃至超脫人性的可能性**。海王星意識打開了人類獨特的傾向，我們既生而為人，內在永遠有個趨力，就是往愛走，往合一走。這種回歸整體和愛的嚮往，就像植物的趨光性，即使光線微弱，只要有一道光灑進暗室，都會使之受到吸引、改變方向。

## 夢想與願景：生命整體的共鳴與感召

海王星像是隱沒在人類內心深處的一片夢海。人可以掩蓋、迴避它的存在，但這片海永遠召喚著，有時還因此隱隱作痛著。

黃道上的海王星，每經過一個星座約十四年，不同時期形成了不同的夢想世代。例如海王星獅子的前輩們，盼望生命燃燒與綻放；海王星天蠍們呼應著精神世界底層的奧祕；海王星射手追尋光；海王星魔羯渴望雄偉與典範。每一代的海王星都擁有自己的感召方式，但底層是相同的，渴望感受到彼此相連，為生命整體奉獻。被海王星觸及的行星或宮位，則承接了這個夢，被深沉的渴望帶領著去感受、實踐。

潛意識吸吮著這些養分，藉由每個人的心靈投射出不同的景象。心靈細細地描繪著，一次次勾勒出充滿希望的情景，沉浸其中。那不是普通的感動，是靈魂的共鳴與振動——我們的夢想、願景就這麼被描繪出來了。

海王星天蠍的朋友可能渴望神祕學的力量，探索黑暗，夢想人心獲得點化，想將自己獻出，期待在愛裡死而重生；海王星射手則可能投入靈性學習，盼望聆聽天啟，或一心想到世界的邊緣探險，為理想四處奔走……在夢的投影下，海王星勾動出神聖遠大的目標，看似天馬行空，但它的渴望都不是普通的渴望，裡面蘊含出世的胸懷，強調精神性的意圖，帶著理想、浪漫的色彩，甚至將這些盼望形塑出一生的職志。

有些海王星色彩強烈的朋友（例如太陽海王星有相位），還會許願賺大錢，但一雙雙流轉著夢的眼睛透露出，真正吸引他們的不是金錢本身，而是背後為家人、為族群、為生命整體造福的大目標和價值。

海王星的夢想是集體的，由個人投射出來，卻不為個人所限。個人可以超凡入聖，渺小而短暫的生命也可以是開闊、深遠又壯麗的。

「人因夢而偉大。」這句話肯定來自海王星的聲音。我們必然忍不住將手伸出，試圖抓住這些夢。但海王星在星盤中所在之處，就是夢想成真的的地方嗎？未必是。海王星魔羯落三宮想要為教育奉獻、成為典範，月海合相在十一宮想要建造一個給所有人的家……**描繪夢想是一回事，追尋、實現夢**

**想又是另一回事**。心靈可以輕易飛上天空，但落在現實裡，實踐夢想卻需要各種條件，能力、資源得齊備，還要時間。

這裡來到了海王星意識的一個分歧點。海王意識有所發展的人都有一顆柔軟的心，善良無私、願意付出，光是這一點，就已經是鳳毛麟角、難能可貴了。然而，做一個好人、做一個有夢的人，並不容易。

尤其星盤中的海王若有許多衝突相位，可能徒有美好想像和精神驅力，卻無法承擔從夢到現實、從精神到物質之間的落差，或者被生活牽著走，乾脆放棄夢想。月海在十一宮的那位，可能花費了無數資源加入公益團體，卻無法照顧好自己和家庭；海王星落六宮的朋友，則可能不斷換工作，最後對一切失望，萎靡過日。

海王意識帶來的考驗難度，超過很多人的想像。

## 夢的力量：超越性的影響與精神推移力

海王星能量強的人，呈現出的整體面貌非常多元，有的是公益慈善志工、天才藝術家、傳媒高手、心靈催眠大師，也有許多虔誠信徒、身心靈愛好者、身心靈受害者，更有嗑藥邊緣人、酒癮者、街友，到憂鬱症高風險族群，跨度非常大。

事實上，海王星的負面特質與正面特質差距如雲泥，是十大行星之首。從慈善到濫情、從空靈到空洞、從聖人到瘋子，同樣的海王星在每個人的身上可以有極大不同的展現，而且負面的表現居多。

充滿大愛、靈性、高層次的海王星，怎麼沒有穩穩地生產出各類型天使，反而創造出各種稀奇古怪的樣貌？海王星意識的確特別。海王星意識被動、無形、不特別外顯，但它於個人星盤上發展，至少帶來三種力量，**一種是包覆、消融的力量，另一種是精神合一、共感同理的能力，以及心靈投射的能力。**

尤其第三種。海王星非常善於心靈投射，能投射出影像，由心靈憑空而創出無限可能。夢想與現實之所以產生斷裂，是因為海王星呈現夢的方式，本為投射，非在現實中耕耘。

所有跟海王星有連結的行星或座落的宮位，都具備強大的圖像能力。例如海王星三宮的朋友，是圖像式心靈的代表族群，三宮與溝通學習有關，他們無法使用概念去組織思維，先天習以圖像、影像氛圍直觀的感受他人和周遭訊息，有些人能超越文字語言本身，具有高度洞察力或形成影像的想像力，卻也可能完全無法表達、語焉不詳、學習困難。水星若與海王星有相位，也有類似的情況。

無論如何，一旦能與海王意識高度交融、合作，所有海王型的人，都具有優秀藝術家的潛能。其實藝術家就是催眠高手，他們能將精神意識集中，透過聲音、色彩、味道、動作、影像，以圖像或情境的方式呈現心靈意境，加上合一共感的精神感召，他們所引發的感動，甚至能造成群體心靈乃至行為上的推移與影響。

若不將夢想直接對接現實，而**用藝術、媒體等形式傳達，反而是抒發海王能量最適當的方式**。實際上，也是最常見的途徑。海王星落在十宮、二宮、三宮、五宮……只要盤主願意，都能將海王星轉化成一種創作的形式，甚至以此為生。那些表演家、創作者就像擁有著超能力，一曲激昂歌聲能使士兵勇赴戰場、一齣如歌如泣的戲劇能讓觀眾經歷生死。

海王星是金星的高階。金星強調美，美使人喜悅、共振，而**海王星對準群體底層的夢**，**進入精神共感的層次**，在這個層次裡，能輕易突破隔閡，連結人心，所造就的影響更是無與倫比。

有些海王星能量強的人，則發展出極度細膩的感知力，穿越人我界線，甚至超越時空，感應生命之間的訊息，還可能反過來調動訊息，作用於肉體、物質，例如海王星落在一宮、二宮、八宮，月亮、火星與海王星有相位的人很適合成為療癒者，也可能具有通靈的體質。

海王星意識的確像是一種超能力。從天王星深入海王星，人有別於日常的樣貌呼之欲出，我們有了超越凡人的可能，就像幻想中具有神奇能力、高智慧的外星人一般。

## 脫離現實：覺察內在，從虛幻中安全著陸

夢不僅力量巨大，那些超凡的表現，更讓人著迷不已。然而如前述，人雖為夢的生物，卻不是掌握玄妙的精神操控之道，能心想事成、無所不能。

即使每個地球人的星圖，毫無例外都擁有天王星、海王星的記號，但要如何開啟、運用這兩個行星意識並不簡單。天王星、海王星的記號，不等於灰姑娘的玻璃鞋，找到它、穿上它就可瞬間變身。這裡面還有太多路徑，一不小心，可能會陷入歧路。

關鍵在於身為精神存在的我們，內在擁有什麼樣的意識？是什麼樣的夢組成了這一切？我們能不能自覺到意識運作？這恐怕都是大問號。

海王星意識使我們回到超凡卻虛幻的精神本質，但若無法辨認深藏於潛意識縫隙中的種種坑洞，帶著無名恐懼、價值感不足的痛、缺愛的匱乏、厭世感、缺乏現實感……追尋海王星的境界，這些包袱，終將使我們跌入鴻溝之中。

海王星的衝突相位是最典型的例子。從海王星與內行星、木星、土星的衝突相，都描述了海王星的負面發展。例如火星與海王星有衝突相位，海王星的消融性、精神性，固然使得火星之欲無法積極賁張，但這股欲望卻可能隱藏起來，形成更大的精神幻覺，對誘惑沒有抗拒的能力。充滿生命力的火星，沉浸在夢的迷濛裡，也可能導致此人無法應對現實，衰弱多病或者菸酒無法離身。

至於海王星的合相、和諧相，也不一定能帶來精神穩定性，海王星所座落的星座、宮位亦如是。在海王星的場域裡，人可能變得虛幻、在現實中墮落。海王星射手的人可能一頭栽入充滿希望卻空泛的理想中；海王星天蠍涉入了靈性與性的騙局；海王星摩羯追隨某個神聖典範或組織，不諳世事。海王星十一宮成立宗教組織吸金，海王星七宮為了愛、犧牲時間金錢或身體情感。

海王星能量強的朋友，通常隱藏著一種「危險」。**若缺乏自我檢視的能力，缺乏精神上的鍛鍊、整合，好像用尚未成熟的精神意識，去操控強大的**

**太空飛船**，輕則過於夢幻、浪漫，缺乏現實感，根本無法起飛，總是落入幻滅中；重則沉浸於自我幻覺中，一步步將飛船駛入荒蕪黑暗之中，再也無法回頭。不但沒有飛向神聖，反而陷入了嚴重的迷亂、喪失辨識力。這些情形將阻礙人的精神發展，並引發極大的挫折、痛苦。若無法適時得到協助引導，重新將意識導回、安定下來，只會使人更加退縮、逃避，無法承擔現實，到最後脫離現實，終日惶惶、衰弱焦慮，得靠藥物，甚至酒精、毒品等各種上癮途徑，以紓解痛苦。

另一種則可能是沉浸在夢的世界裡，擺脫現實束縛，藉由藥物、性達成精神上的極致經驗，追求狂喜，放縱人生，或者發展精神上的導引力，刻意影響他人，使之墜入自己編造的幻夢大網、自欺欺人。

夢，是人類最偉大之處，卻也可能是最精微的陷阱。

其實，人真正彌足珍貴的地方，不在於我們能「夢」，而在於我們能「自覺」自己的「夢」。這個自覺，像是岩壁上的木樁，使我們能一步步踏實攀上海王星的高峰。**有了自我覺察的著力點，人能洞察埋藏在意識底層的**

**各種碎片，將之整合**，並經歷足夠的學習、鍛鍊，達到心靈上的穩定、專注與耐受度，這樣的途徑被稱為「修行」。

那股敏感、細緻、無邊的覺知最終收回於內，而不是向外顯擺，一點一滴在現實的參照下對應、接受挑戰、承擔。「修行」使精神意識的提升，有了基礎、憑藉。

要學習、要鍛鍊、要「修」，事實上這是土星的法則。承受了土星的考驗，穿越了物質界的重力，增加落實能力，不斷在挫敗中自我檢視、累積經驗，才有可能突破海王星意識的高階發展。土星是走向天王星、海王星、冥王星的階梯，一步也不能少。

純淨的「精神性」既是我們的本質，但是要還原、連結這股力量，不是兩手一撒，光等著就成。「還」「真」從來不是個簡單的事，要付出代價，甚至要花上我們來這地球多生多世的旅程。

## 回到當下：真正的療癒是回到當下

天王星、海王星蘊含著宇宙的高等法則。**天王星的行星意識，談「變」，海王則談「夢」**，天、海的深度已無需多言。

天王星意識的「變」，談所有一切的存在，是動態的、變化的，並不是無序隨機地發生，變化基於平衡，裡面暗藏無窮無盡的脈絡，所以天王星要人們去「觀」，去應機而動。

海王星意識談一切的本質為「夢」，夢的本質為「空」，在夢裡，生生死死、一切所見、所聞、所知皆非為實。然而空卻不是虛無，就像海也不是什麼都沒有。海，蘊含了一切層次、環環相扣的運轉。只是你是海中的一滴水珠，不會感覺出海的存在，海是我們的背景也是我們自身，它無所不在、無所不包。

面對這深遠的背景，海王星要教我們什麼？夢的力量很大，卻又難以捉膜，與其說海王星意識促使人們去開發精神力量，走到底，海王星要發展的，其實既不是去「掌握」些什麼、也不「運作」什麼力量，它只教我們「回到當下」。

勾動了海王星意識的人，可能深具救贖特質，看不得他人受苦受難，也可能被空無感捕獲、失去現實能力，成為被拯救的受害者、病人。不論是拯救、被拯救，或是療癒、被療癒，真正的精神力量，不在於用精神去操控問題，使之好轉、消失，而是化去所有意識上的扭曲、干涉，將執取不放的心念釋放，讓未完成的經驗走完，讓失衡處自然圓滿、消散。

因為你就是那顆小水滴，你造了夢又隨著夢流轉。臣服，放下任何造作，而不是一念追一念、一夢再起一夢，才能融入這巨大的奧祕中，與之一同綻放、一同創造、一同寂靜。

在海王星裡談療癒，**真正的療癒只是回到當下、接受當下、處於當下**。

講到了海王星，差不多已經揭開了這趟旅程的最終意義。在太陽系實驗場、以地球為基地的生命旅程，乃是人這樣的精神存在，透過意識投射、醞釀出的一場大夢體驗。我們來此創造、體驗所創造的人生，又受制於自己所造，在那無窮層次、環環相扣的秩序中，穿越無限的挑戰，一次次認識自己，圓滿、了結自己的夢，最終使意識成熟。

我們並不孤單，這場夢裡有你、有他、有我們。帶著這樣的本質，人必然有能力，通透物質世界背後的真相，從追尋刺激的粗鈍感官中退後，從愛恨情仇中驚醒，從汲汲營營、追尋金錢物質的滿足，轉而從全新的觀點，有意識參與這個由夢構成的奧妙生命。

或許，當你從現實的「夢」中「醒來」，卻又願意「臣服」於這片「夢」海，開著太空飛船、哪也不去，就在自己的夢裡歷險，直到圓滿。這場驚奇的幻境之旅，終究能使靈魂體會自己，如願飛翔。

| 海王星星座 | 願景 | 夢的力量 |
| --- | --- | --- |
| 牡羊 | 帶著集體生存意識、創新生命。 | 開創新說、信仰的能力，強大直覺力、創造力。 |
| 金牛 | 對安全、穩定感充滿夢想，物質理想主義。 | 將現實以夢幻化呈現，藝術具象化，物質、身體上的完美。 |
| 雙子 | 期盼新奇多變經驗、思想流動、資訊自由。 | 豐富無邊的想像力，直覺式表達、訊息影像傳達、文學能力。 |
| 巨蟹 | 對土地、家國、族群充滿期盼。 | 為家國族群犧牲，具特殊精神力、宗教傾向。 |
| 獅子 | 渴望光芒、權力，對華麗、浪漫有夢。 | 將愛情理想化，具藝術、表演、戲劇才華。 |
| 處女 | 對勞動、身心、社會運作帶有高度理想。 | 為現實、勞動犧牲，能促進健康、具療癒力。 |

10-1　海王星十二星座的願景與夢的力量

| | | |
|---|---|---|
| 天秤 | 期盼和平、社會正義，渴望均衡。 | 敏銳察覺關係與社會現象，具法律精神，細膩藝術力。 |
| 天蠍 | 期盼情感深度、融合感，在精神上渴望重生。 | 探索一切現象的底層，精神上汰舊換新，催眠力、透視力。 |
| 射手 | 期盼生命高層次展現、內在力量擴張。 | 研究宗教、宇宙觀、哲學，追求精神教育、文化性開展。 |
| 魔羯 | 渴望典範、傳統精神、現實體制夢想化。 | 將精神與現實整合的能力，建立具願景的新體制型態。 |
| 水瓶 | 期盼文明進化，大同理想、懷抱人道。 | 促進科技新文明，自由開放地傳播資訊，高度直覺力。 |
| 雙魚 | 期盼精神合一、渴望回歸靈性本質。 | 音樂藝術天賦，情感共感力、奉獻自我的能力。 |

| 海王星宮位 | 共感消融途徑 |
|---|---|
| 一宮 | 缺現實感，對外個人界線模糊，敏感、陰柔，充滿靈感、藝術性。 |
| 二宮 | 對金錢具理想性，不切實際，具藝術、醫療、慈善工作的天分。 |
| 三宮 | 對周遭訊息極為敏感，能引導情境，消融交流障礙，缺乏理性思考，高度想像力。 |
| 四宮 | 內在極度敏感，為家人奉獻犧牲。或出生漂泊，對土地和家庭有強大渴望、感受力。 |
| 五宮 | 生性浪漫，對戀愛高度夢幻。有高度藝術才華、能力。犧牲了才華，或為父母或孩子犧牲。 |
| 六宮 | 帶著大愛的精神，進入勞動或服務，在工作中奉獻。身體敏感、缺乏防護，善於療癒。 |

10-2　海王星十二宮位的共感消融途徑

| | |
|---|---|
| 七宮 | 在關係中能同理他人、奉獻自我，吸引具有藝術性、需要幫助，或慈愛精神的伴侶。 |
| 八宮 | 對他人內在底層或欲望有強大共感力。金錢和性上充滿夢幻、缺乏界線、易受騙。 |
| 九宮 | 在精神上高度追求，並融合其中，具有信仰，充滿大愛精神、強大的直覺或想像力。 |
| 十宮 | 事業上缺乏落實力，眼高手低，對事業充滿夢幻感。與社會大眾的夢想融合為一，成為代言人或為大眾造夢。 |
| 十一宮 | 對群體情感深厚、深刻交融，與朋友間慷慨互助、具奉獻精神，帶著慈善理想加入團體。 |
| 十二宮 | 心靈高度敏感，有大愛精神和修行傾向，心靈缺乏防護，容易受到能量干擾。 |

第十一章

# 冥王星

煉化，
從死亡中蛻變重生

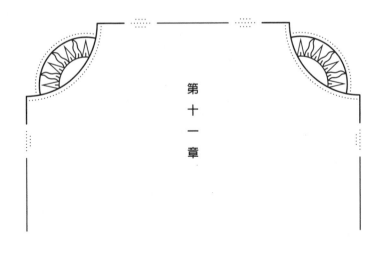

## 行星意識

### 終極關卡／死亡烙印／操控與毀滅／蛻變與重生／與死亡和解／黑暗力量／煉化

冥王星出現在人類意識中的時間非常晚，比海王星還晚了近百年，直至一九三〇年才正式被發現、命名。到了二〇〇五年，同樣位於太陽系邊緣的鬩神星被科學家發現，因為無法定義此星，經過國際天文聯合會的討論，最後將冥王星與鬩神星一同歸類為矮行星，從此冥王星不再是太陽系主要行星成員之一。

雖然這顆冥王星，既邊緣又幽暗、難以定位，不過，自從進入占星的領域，經過諸多占星學者的研究並累積豐富的成果後，越顯出重要性。即使它不再位列行星，卻無妨我們去了解它的行星意識、並從中獲取關於生命轉化的啟發。

## 終極關卡：進化之旅的終極試煉

行星意識一路開展到冥王星，已然來到太陽系之旅的尾聲了。尾聲談什麼呢？談所有人都避不開的終點——死亡。

我們來到地球，化為人類的肉身，行走在這片美麗的世間中，數十載的光陰悠晃而過，世上沒有什麼是永恆的，不要說財富、成就的起伏崩塌，到最後連這副肉身都得放下，一切歸於塵土。我們終會迎來毀滅，不只是外在有形的滅，還有各種內在感受、價值感、觀念的毀壞，或者情感關係之間的斷滅。

死亡，是我們必然經歷的歸途，而這歸途從不寧靜。

人都怕死、不甘於死，卻離不開死，還可能在命懸一線的邊緣，爆出猛然反擊，為生命留下一道道無法抹滅的存在痕跡。冥王星於星盤中的存在，說明了人類與死亡間的神祕連結，與其中所富含的極端經驗和力量。

為冥王星意識出征的人們，會燃起埋在深處復仇、毀滅的欲望，或從潛意識勾動隱密的渴望，體驗遭到控制、輾壓、消滅的經驗。我們對於「死」的複雜情結，一點也不新鮮，只是晚近發現冥王星之後，人類的集體意識終於能將之定位，去研究理解這部分的自己。

理解冥王星意識，對於人類的進化之旅，關乎重大。

冥王星比海王星更處外圍，它象徵著太陽系靈性實驗室的最終關隘，海王星之夢顯露出我們的根源，但在完成生命的體驗之前，這段漫長的旅程尾聲，我們得要越過這終極關卡，與內在最深的試煉決戰。

## 死亡烙印：難以摧折的執拗與支配性

海王星意識告訴我們人是精神存在、活在夢中。如果海王星像一層內膜，包覆了在它之內所有的行星意識，冥王星就像是緊貼著內膜的蛋殼，代表了在夢的外圍、最強固、最劇烈的遮罩。它執拗、激烈，和海王星同在，成為潛意識世界的基底。

冥王星意識與死亡烙印有關。人對「生」的渴望有多麼巨大，面對

「死」所激發出的能量就有多大。受傷瀕死的動物，往往蘊藏最大的危險，可以使大意的獵人失去一條胳膊、一條命。被逼上絕路的人，可能突然有無限勇氣縱身跳入百米深淵。

人們在死亡的議題上帶著強烈的情感，劇烈的不安和失去感，使潛意識調動出高度凝結的力量，力道之大，形成一股無法摧折的意志。例如冥王星與太陽有相位的人，在權力上有近乎偏執的主導欲（太陽與自我、權力有關），控制能力強大，善於將自我的意志加諸他人，不容拒絕，強勢、堅決、冷硬，甚至殘酷，若遭遇他人挑戰，必然還治其身，然後一舉消滅。

冥王星意識帶來的執拗，都是極端而令人畏懼的，那不是普通的堅持，背後都有故事。以太冥型態為例，這些朋友的內在連結著各種關於「自我」的「死亡烙印」。可能因為自我力量的不足，自尊曾被踐踏、存在被抹滅，甚至事業失利、生命潰敗、死亡……故事來源也許是自己或父親、父系的歷史，故事情節可能栩栩如生或早已遺忘，是真實的死亡事件或是某種意義上的死亡，但血淋淋的傷痕不會消失。一生中，只要碰上自我受到威脅的時刻，那道血痕便被召喚出來。

人的力量本有極限，身體能量會用盡，理性會叫你停下來，但若激發出冥王星的烙印，就等於掐住了我們的要害，使我們拚死拚活，直到自己或對立力量消滅。所以再平凡的人，也能產生一股極致的堅持力量、不屈不撓的意志：「我得拿回來！」

這股難以摧折的執拗與支配性，形成了冥王星意識的特色。

冥王星隱藏在集體潛意識底層。因冥王星環繞黃道一圈約二百四十八年，走過一個星座平均約二十年，其世代跨越的時間很長。每個世代都對應了某型態的冥王星，對應著某種激烈、深不可測的傷痕與執拗，**這股力量透過集體呈現出來，往往能推動時代發展，或反之造成大規模毀壞**。除了星座外，每個人的冥王星觸及特定的宮位、相位，也點出我們最鮮明的「執拗／支配」型態，以及死亡烙印發揮強烈力量之所在。

例如冥王星天秤世代，不甘於關係的斷裂、分離，極盡所能的退讓，執拗著要與他人維持和諧，或者因為關係的不公、失衡（另一種斷裂）而拚死爭鬥；冥王星天蠍世代不甘於情感、資源被剝奪，一旦有所爭奪，不放手就是不放手或竭力討回，即使兩敗俱亡也阻擋不了。冥王星在五宮的人，則不甘從舞臺中心殞落，非要光芒四射、贏得他人的關注，才能感覺存活：冥王星在十宮的朋友，最不甘於平凡，就算用一切換取財富、名聲、成就，如蠟燭般燃燒殆盡，也在所不惜。

## 操控與毀滅：來自於最深層的復仇

冥王星是火星的高階表現。充滿生命力的火星，談人們為生存、創造等欲望而奮戰，冥王星卻受死亡烙印所調動。冥王星一旦啟動，打開的是一座潛意識寶庫，裡面有我們極少被觸及的猛烈，乃至於激情、瘋狂，為人提供巨大的能量來源。

這股力量帶著鮮活的目標。如果火星的欲望是生命的延續、創造，冥王星最深的欲望則是——復仇。

這裡談的復仇，並不是指刻意的記恨、反擊，也無關於道德議題。只是碰觸到死亡傷痕，那一股奪回失去一切的張力瞬間被開啟了。例如一個人冥王金星有緊密相位，也許年輕時曾遭背叛，或親密的家人離去了，他在愛與關係中嘗過死亡的滋味。那股痛，使他一旦再遇上鍾愛之人，必定要將所失去的愛都拿回來，一丁點都不能少。於是用盡全力去操控自己，如滿足對方的需求或維持令人喜愛的形象；抑或操控別人，如掐住對方在性或錢上的需求、包挾對方受自己保護，或攻擊任何可能的搶奪勢力，使一切人事物、有形無形都在支配之內。

這力量一打開，直接來到極致的端點。若要拿回一切，就是不斷加強操控，在不容置疑的箝制下，將一切耗盡，或者是當操控受到反抗，彼此站在自己的立場上激烈地拉扯，鬥爭發生了，為了撲滅所有的威脅，而毀滅對方的情感、金錢、生存，不然就是藉毀滅自我而毀滅一切。

**鮮活的冥王星意識影響下，人非常容易走上毀滅一途**，不管自毀或毀他，有多少人事一同拖下水，最後都使我們遭遇吞噬。

不同星盤中，冥王星意識以不同方式發動極端力量。火星展現求生防衛的力量，火冥相位卻有殘殺的潛能；月亮追求情感安全，月冥相位卻可能造就家庭裡的控制虐待。我們不敢真正了斷，卻期待傷害性的情境，最後把一切推上不歸路。切斷、隔絕、冷漠、恨、抽離自我感知……其實也都是另一種層次的毀滅。

即使個人不主動調動或無法知覺內在的冥王星，冥王星意識依舊躲在黑暗中，透過潛意識的召喚，在生命中不斷重現毀滅的故事。這股力量可能投射在他人或外境上，藉由外在人事對自己的操控、凌虐，周遭關係或資源的失去或死亡，上演毀滅的迴圈，將個人的情感、意志、資源、身體推至極度承受或消亡的危機邊緣，例如太陽、月亮連結冥王星的人，也可能從小遇上父或母的死亡，或者父母具有高度專制的色彩，在個人意志上、情感發展上充滿被支配操控的經驗。

## 蛻變與重生：死亡，是最直接的再生方式

冥王星確保了我們的一生，都籠罩於烙印所激發的張力之中，以及毀滅

的去向。不像海王星的飄忽迷離、若隱若現，不論哪張盤的冥王星都使人無法忽視，就像等在黑暗中伺機而出的怪物，有機會便將自己一口吞下。那麼生命的出路在哪裡？

從冥王星的角度談死亡，我們的觀感將遭遇顛覆。

人總認為「死」了就什麼都沒有了。然而了解自然法則的人，會發現自然界裡沒有真正的死亡。柴火燒盡變成了炭；水枯竭了，變成水蒸氣飄散；就算是活物，走完了生命週期，也會被菌體分解回歸塵土，充滿營養的土壤，再孕育出新芽。**死亡，只是轉化型態。**

死亡並不是終點，是一個大循環中必然的過程。做為太陽系最外圍的終極關卡，冥王星給予了人類清脆的一擊，打開所有人僵固而有限的腦袋，告訴我們：死，守護了生。

**冥王星意識中的「毀滅」，其實是「死亡」加「重生」**。與其說它主掌毀滅法則，不如說是汰換、蛻變法則。

如果我們一生中，從未經歷各種不同深淺層次的死亡，不管是信念崩壞、關係結束、自我價值被拆臺、權威、存在感破滅，乃至於實質肉體的死亡，那麼，我們會抱著各種陳舊、老朽的觀念、想法、情感和遲緩生鏽的身體，直到永恆。這種永恆不是幸福，是監禁，我們的意識將永遠卡在重複的夢中，難以解脫。

人總是害怕，想盡辦法避免走向盡頭，但最終唯有面對某種形式、某種體驗、某種感受的死亡，舊的去了，才會從灰燼中轉化出新的面貌、新的發展和感受。

冥王星的作用其實是藉由死亡烙印的張力，將內在老舊、無法汰換的意識型態，整個浮現出來，推至極端、迎向死亡，回到死而再生的自然規律裡。

從冥王星意識的存在，可知生命一點也不「新鮮」了。人一出生就帶著冥王星的印記，早於誕生之前，故事就上演過了。在難以追溯的過往裡，我們不知經歷過多少種的死亡，曾經有些死亡，肉體死了、擁有的一切毀了、情感被背叛了，但心卻沒有跟著放下，或者生命的安全底線被撞擊，最深的需求卻被奪走，某些沉重的信念種下了再也無法更改。這些無法轉化的意識型態，成為了烙印。

我們早年或原生家庭發生的事件及所掀起的感受，都因為這樣的「設定」，再一次被召喚而來，有了情節之後，又成為此生經歷冥王星的重要素材。

這些埋藏在精神體底層、過往甚至生生世世縈繞不去的陳舊意識，因為老化、無法代謝，不但阻礙，也傷害了精神成長。它能引發我們最激烈的反應，卻也因為深沉隱晦，無法輕易碰觸，更不要說轉化。

冥王星意識作用下，自然而然會引發舊設定暴露，進而進入毀滅、精神體汰換更新的程序。例如前述冥王星金星的相位，當事人可能經歷充滿操控、劍拔弩張的痛苦戀情，但一次次情感的毀壞之後，也有了重生的機會。這重生指的不一定是新戀情，重點是意識毒素被暴露出來，關於愛的匱乏、不安、剝奪感，裡面老舊的感受、價值觀毀去，當事人便能打開新的意識界面，從舊型態中走出來。

**死亡，是最直接的排毒、再生方式。**

更深一層來說，在太陽系靈性實驗旅程的我們，展開所有行星意識學習、成長的同時，也將面臨各種意識的重複、老化，要躍上行星意識的高階發展，免不了迎來毀壞。每個人都像包在海王星之中孕養的精神胎體，在不同行星意識推動下，經歷各樣的生命體驗、做著不同的夢，最終都在等待著破滅、蛻變的一刻。

冥王星意識強烈的朋友，或是生命某個階段冥王星能量劇烈展現的人，個人生命都來到大死大生的關鍵。從這脈絡來看，可以說冥王星連結太陽的朋友，將揭露自我意志毀滅的恐懼、迎來新生；冥王星連結水星的朋友，在思想和交流優勢上可能遭到覆滅，卻因此蛻變出新思維。冥王星四宮的人，要澈底翻出失根的舊傷、重建根基；冥王星十宮的人，在野心毀壞後、有了立足社會的全新型態。

## 與死亡和解：放手，允諾舊我死亡

毀滅以及死而復生的印記，隨著冥王星刻在人類潛意識裡。不管我們能自覺還是不知不覺，人總阻止不了，自己帶領著自己來到邊緣、縱身一跳，再從死亡絕谷中重新再生。

冥王星與禁忌有密切的關連。一般人對犯罪、虐待、殺戮、死亡等故事，多半感到恐懼，但恐懼中有種好奇，甚至隱隱感受到興奮。社會將之視為禁忌，因為過於黑暗危險、具毀滅性，但往往越是禁忌，冥王星則越受到勾動、內在的毀滅欲望越受激發。

壓抑、禁絕，使冥王星啟動活性，反過來說，冥王星所在的地方，也特別容易使禁忌浮出表面，與黑暗訊息或社會陰影面連結，例如冥王星十一宮的朋友與犯罪集團、地下社群有關；冥王星四宮與家庭暗黑事件有關；冥王星九宮則與信仰狂熱甚至宗教滅絕有關。有的人將之深深壓制起來，有的人被動犧牲於黑暗勢力中，有的人則不由自主被陰暗吸引，甚至成了代言人。

放到現實來看，冥王星的作用肯定會被描述成災難。尤其是星盤中冥王星特別活躍的朋友，它在人們所期望、安全豐足的生命道路上帶來水深火熱的痛苦。大死大生更可能賠上自己、他人和周遭大量資源。

原子彈就是冥王星的典型象徵。原子彈的出現，代表人類千百年來相互仇恨、掠奪、恐懼的意識劇毒，從歷史伏流中浮上表面，凝聚成終極的摧毀武器。二戰尾端，原子彈結束了漫長的戰爭，人類經歷了前所未有的浩劫。然而經過大規模的毀滅，人類也擺脫舊有的世界型態，重新整頓、開啟了現代文明的發端。

雖然我們都想找到最快、最不耗損的路徑去穿越，但直到經歷一次又一次的生死流轉，死亡或毀滅的規模也得夠大，舊傷舊型態才有可能被澈底動搖，轉化出不同可能。冥王星的蛻變勢必得付上可觀的代價。

土星談業力，冥王星談蛻變重生。生命一邊承擔成長的代價，一邊在毀壞中消耗和恢復，並期望在最終毀壞之前能找到轉化出口，一輩子不夠就好幾輩子。把時間無限延長、視野不斷拉高，回望靈魂投生地球的旅程，生生世世也就這麼運轉著，觸及東方的輪迴概念。如果土星已經讓我們夠辛苦了，守在太陽系邊緣的冥王星，恐怕更是難以穿越的魔王級考試。

若我們能理解冥王星，並帶著意識去經歷、合作，代價依然得付，過程依然掙扎、充滿扒皮換骨的折騰，但我們能與這股毀滅力量在一起，對準精神上的老舊迴圈，創造出絕好的機會，讓自己汰淨、重獲新生。

**和解，是重生的關鍵。我們需要與死亡和解。**

看著自己眷戀的、支配的、拚命拿下的、抵死抗拒，再也抓不住了——你曾試了無數次，直到這次，你終向死亡低頭，來到一切消亡之處，為失去感謝，為看懂自己感謝，為生命變幻無常卻有其道而釋然，你放手了。那一刻，是驚心動魄也無比動人的。鬆開心中緊抓不放的力量，讓那些愛恨、恐懼、失去的哀傷衝破防線，奔流而出。等到所有力量洩去，心裡某個舊傷結束了，舊的路徑被沖刷殆盡。於是，蛻變發生了，全新的、不受制約的精神樣貌，透出光來。放手是海王星的關鍵詞，這裡，我們可以瞥見海王星與冥王星交互作用下神祕而巨大的效應。

我們在等待，等待自己一生中的某個機緣，因為內在經歷的消亡足夠了，終於恍然大悟。

蛻變很簡單，就是電光一閃的和解與放下。但蛻變也很難，要不是那生生世世的嘗試與等待，也迎接不了這一刻。所有的靈性教導，都以各種途徑協助人們推進這一刻，但不論什麼方式，都得回到我們自身的意願，這分意願終會使我們不躲不逃，允諾舊我死亡。

## 黑暗力量：劈開極限的天花板

冥王星意識牽引著我們不斷走向各種死亡。極端、毀滅性、死而生的輪迴……不難理解為何冥王星有黑暗力量之稱，但這樣的力量卻是精神體蛻變、躍升的終極武器。

古往今來神話中常常有「神佛」「妖魔」大戰的經典戲碼。聽完故事後，很多孩子都會問：「魔王好壞，為什麼要有魔王？」其實，不管是神、是魔，都是我們內在的某個面向。褪去故事的外殼，這些神話談的就是人類內在海王星與冥王意識，以具體生動的方式呈現出來。

神與魔不是絕對的。海王星消除分別，大愛與一體性使之充滿神聖感，相較之，冥王星的黑暗與摧枯拉朽則讓人恐懼。但若精神意識尚未成熟，一味地發展海王星的靈性力量卻可能使人陷入迷亂、造成濫用。另一方面，冥王星雖能造就最殘酷的毀滅，**這股黑暗力量卻以死亡，守護了精神的成長和重生**。

一個人若能發展出成熟的冥王星意識，不僅能因此獲得意識汰換的機會，更因為熟悉死亡、敢於面對死亡，能在死亡的面前擁有最佳表現。

冥王星是最有奇蹟特質的一顆行星。成熟的冥王星意識能激發出無與倫比的堅韌，不管遭遇多大的凶險，冥王星所在的宮位與涉及的行星（特別是和諧相），都能在極端中催化力量，敢直面恐懼、直探黑暗的核心，從而啟動出過人的敏銳、堅韌，如鋼鐵般的力量立在生命中心。越遭遇極端考驗，越能借力使力，向上翻一把。

金冥型的人在愛情中纏鬥不休，卻也只有他們能傾盡一生守候，創造傳頌千古的愛情；太冥型的人可以成為專制暴虐的老闆，那分所向披靡的意志，卻也可能在動盪時局之中，成就千秋大業。

這強烈翻轉的力道，使冥王星帶來出乎意料的自癒力。例如冥王星落在一宮的人，最為人所知的，除了他們難以撼動的堅持，更出名的就是他們頑強的生命力。雖然可能遇上生命中的重大危機，遭遇威脅生命的疾病、外在環境的劇變等。但無論如何「致命」，最後總在死神門前繞了一圈，頂著一口氣，從絕境中一步步活過來。

死亡這把利斧，能劈開人們所認定為極限的天花板。不熟悉冥王星，無法體會生命自火中走出的力道，那樣的生命是蒼白無力的，遇上危機、災難，逃不過陷落、崩解的命運。

## 煉化：自我煉化，為集體帶來轉化的契機

比起海王星，研究冥王星的行星意識，可能使我們更加理解這趟生命之旅。真相顯得赤裸而清晰，僅憑靈性大愛的召喚，無從掌握生命底層的蛻變

力量——沒有試煉，何來揚升？沒有死，何來生？就好像古代的煉金術，將充滿雜質、平庸的礦石，丟入熔爐裡，生起數千度的火去鍛燒，燒到最後雜質化盡，元素因高溫而融合、轉化性質，原本的屬性已死，卻凝聚出全新的珍貴金屬。

煉金的過程非常艱難，通常花了無數時間、資源、心力，重複數百次、數千次，終其一生或多生，才能觸碰到契機。以煉金來比喻，**冥王星道出人生之旅中「煉化」這個關鍵詞。**

不是只有少數仙風道骨的瑜伽士、宗教家才與修煉有關，冥王星意識運轉下，無論是誰，在這趟地球之旅中，都要遭受黑暗烈焰的煉化。但那些領會冥王星意識的人會主動迎向它，認識自我那些舊有的、傷痛的、混濁的、執著不放的舊設定，在旅程中，全力展開它、演繹它，然後剝皮換骨地接受它的死亡，重獲新型態。他們將自身，塑成了一座熔爐。這些旅程前行者，不斷煉化自我，更為集體帶來轉化的契機，引領人們行過暗谷，推動集體意識蛻變。

雖然在降生到地球後，我們擁有了一副肉身，並牢牢地鎖在其中，但透過海王星，我們記得夢的本質，精神體尋求轉化的企圖從來沒有消失過。在經歷冥王星一次又一次的淘洗，從生到死，再從死到生的神祕煉化中，我們得以穿透執取不放的意識設定。

是的，這一切無非是場夢，是一場小水滴的實驗旅程——精神體追尋本質、意識擴張之旅。經過漫長的蛻變和轉化，當我們終不被陳舊意識所挾持，從死氣沉沉的僵固、緊縮的夢中，變得自由、流動、寬闊。我，變大了。我感受到我的本質，這精神體是如此廣大、靈動、充滿滋養、生機勃勃。我，活起來了。

這種境界的「活」太奇妙了。我們都想要生，惶惶不安，遍尋無得，最後卻透過死亡，大夢初醒，才真正活起來。

處於太陽系靈性實驗室的我們，如同孕育於蛋內的胎體，在冥海意識的邊際之內，經過長久的孵育，精神體不斷成長，逐漸成熟。當我們能從內到外，一層層解開、超越原本的意識框架，最後從冥王烈焰中，穿透束縛、破殼而出，我們也就完成了太陽系靈性實驗場的挑戰，從內在脫胎出新的生命型態。

千百年來，我們從未如今日般，如此靠近地球毀壞的時刻，氣候暖化、環境破壞、地球資源越加無法負擔人類所需。毀壞，是神祕的提示，有識之士都能意識到危機的來臨，但若我們懂得冥王星的奧義，毀壞，也意味著接近前所未有的接近冥王星力量，也接近了太陽系靈性旅程的破殼關鍵。

冥王星水瓶時代到來既是警鐘，也是催促的號角。**若有足夠數量的「我」歷經蛻變，集體生命的舊型態死亡，全新能量使得群體生命有了不同的可能性。**人類跳躍出原本設定，意味著地球有機會改變意識維度，打開新次元。

這是精神體所能達到最大的創造，人在太陽系靈性旅程中最終極的期盼。願我們在這關鍵時代中，一同煉化、一同完成這樣的創造。向宇宙禮敬，並以自身驗證宇宙的不可思議、驗證我們就「是」這個不可思議。

| 冥王星星座 | 極端點 | 毀滅重生傾向 |
|---|---|---|
| 牡羊 | 崇尚力量、對攻擊敏感，強烈堅持維護自我與生存權利。 | 暴力與掠奪中毀滅重生，生存資源、生命或體力殆盡後，開拓未知、重建新生命。 |
| 金牛 | 極度追求財富、物質發展，需要擁有恆久的價值感。 | 物質主義的毀滅重生，資源競爭、資源分配鬥爭造成毀滅，物質基礎重新建立。 |
| 雙子 | 多元交流的極致需求，強烈追求創新，崇尚新思維、新發想。 | 舊型態解體、新事物重生快速汰換，新舊斷裂，高度訊息變動所造成的大起大落。 |
| 巨蟹 | 追求家園、土地，強烈需求安全、穩定，情感高度敏感、易受勾動。 | 家庭的毀滅與重生，情感的激化、破壞與反思，國族主義的毀壞與重新定義。 |
| 獅子 | 極度重視自尊，需要展現領導權威、控制資源，以獲得力量感、光榮感。 | 光榮自尊、領導地位的毀滅重生，資源主宰、商業創造之間的鬥爭、毀滅與重建。 |
| 處女 | 堅持極致的技術性、精確度、完美度，需要控制工作、生活型態。 | 工作、生活型態的毀滅重建，完美或嚴苛的極致追求、崩壞與重建。 |

11-1　冥王星十二星座的極端點與毀滅重生傾向

| | | |
|---|---|---|
| 天秤 | 強烈堅持公平正義、美與平衡，追求和諧、退讓。 | 人我關係、伴侶、婚姻、政治關係等毀滅與重生，法律、資訊交流的汰換與新生。 |
| 天蠍 | 對情感、資源的高度占有欲、強烈渴望欲望的滿足，挖掘人性。 | 情感、欲望的毀滅重生，心靈危機轉化，政經黑暗暴露、深層轉變。 |
| 射手 | 追求精神自由、解放，極度堅持信念，強烈需要擴展。 | 信念或意識型態的解體重生，宗教、真理的狂熱和其毀滅重生。 |
| 魔羯 | 追求無可動搖的實力、穩定性，強烈的現實主義，充滿成就野心。 | 個人或團體成就的毀滅重生，物質主義盛行與反撲，經濟結構、體制的樹立與毀壞。 |
| 水瓶 | 強烈反傳統，追求極致自由、獨立、智能展現，科學至上。 | 自由解放亂象，群體關係重建，科技高峰及其崩解，文明、社會的動亂與重新開始。 |
| 雙魚 | 強烈共感、受到精神感召，充滿救贖感、犧牲自我，追尋神祕經驗。 | 犧牲奉獻的病態展現，神祕主義的高峰與毀壞，精神死亡重生，文化藝術蛻變。 |

| 冥王星宮位 | 蛻變轉化途徑 |
| --- | --- |
| 一宮 | 個人形象專斷掌控，人生際遇易遭遇重大危機，存在型態被毀壞，重新復原、校正。 |
| 二宮 | 對金錢有強烈欲望，在物質或情感上占有欲強烈，可能因貪婪而導致物質損毀、重建。 |
| 三宮 | 交流上具有強大的支配力，能操控輿論、掌握知識或底層訊息，因心智或交流的強迫性，遭遇毀滅重生。 |
| 四宮 | 強烈渴望建立自己的小天地，需要安全感，家庭內可能具暗黑事件，從底層黑暗轉化重生。 |
| 五宮 | 在愛情、創造、玩樂上高度投入自我，強烈需要關注和認可，成為光芒中心，並因此經驗毀滅重生。 |
| 六宮 | 對工作規律、執行充滿主控性，工作充滿意志，求勝心強，可能遭遇工作危機或健康毀壞，體驗重新開始。 |

11-2　冥王星十二宮位的蛻變轉化途徑

| | |
|---|---|
| 七宮 | 容易吸引操控、霸道的伴侶，或在關係上遭遇暗黑、危機事件。親密關係是個人毀滅重生的關鍵。 |
| 八宮 | 情感激烈、欲望強大，渴望融合、占有他人資源情感，在情感劇變、生死存亡危機中，澈底改變。 |
| 九宮 | 對信念、宗教信仰充滿激情、不惜犧牲一切，透過信念的摧毀或異國經歷，達到精神上的新生。 |
| 十宮 | 追求事業成就巔峰，得到權力、威望，經驗事業危機，造成生命型態毀滅重生。 |
| 十一宮 | 期待獲得群體中的權力、發揮強大影響力，參與或捲入群體內鬥爭，導致群體關係毀滅、重生。 |
| 十二宮 | 精神上偏執、恐懼，潛意識活躍，可能透過精神崩解或生活危機，回溯內在，得以反省重生。 |

# 後記

每每望向星空，不管實際年齡幾歲、身處哪個地方、經歷多少次了，我永遠如初懂人事般，會一頭栽入，為那深邃黑暗的點點星光哆嗦著、敬畏地低下頭，又完全止不住好奇，停不下來地想知道這神祕網絡裡一切的一切。

這是與占星結下不解之緣的起點。

我問自己想知道什麼，才發現這位坐在宇宙老人身旁，充滿渴望、熱切的小小孩，一心一意想追尋的是「智慧」。

沒有一種智慧比得上浩瀚天地能給我們的啟示。

很久之後，我才懂得「智慧」原來就是「道」。道是秩序法理，而「道法自然」，這分秩序、法理本於天地、本於自然宇宙。智慧或道，從來不是任何一個人所獨有、所創造，亦不在我們之外。

人活在「道」裡，是「道」的一部分。但多數人，卻對自身與宇宙交織的脈絡一無所知，對生命與一切生命之間的觸動毫無感受。

於是，我們越來越迷惘，內在彷彿有個大洞，不管做了什麼、享受了什麼，最後都被瀰漫的孤單和虛無感所吞噬。四十歲之前的我，常掉入這樣的洞裡，困惑不已。

後來碰上占星，我眼中出現了光。這門學問以具體天象描繪本命盤，使我探入人與宇宙的關係。但學習到頭，卻出現更多的煩惱，我不知道星盤裡的領會要如何注入當下生命，更不知道星盤所呈現的象與現實生活間，究竟如何產生連結。

直到十多年前，有幸遇上了一群同樣在找路的朋友。彼此真誠地分享生命，交會我們內在最幽暗、最深刻的部分，十多年持續地學習，在共識中投入鍛鍊、相互啟發，並時時將所知落實於生活。這一路體會太多、太多了，從頭腦上了解到的，轉換到真實生活中而去感受生命之道。我覺得自己這懵懂的孩子總算是受了教育，不是糊里糊塗地讀完書、拿了學位，以為完善了自己。

裡面點點滴滴的收穫、感動，也促使我想要分享。本書的出現，正來自於這獨特之機緣。

寫作過程中，剛好經歷了全球疫情肆虐、臺灣社會面臨三級警戒等考驗。沉重的整體氛圍不斷衝擊我的思考，迫使我拔高視野，從占星去觀察自身以及所有當代人的位置與去向，身處地球的我們的確面臨了一個關鍵時刻。看著身邊日復一日茁壯的孩子，以及正承擔壓力的大人們，我能做什麼、占星能給我們什麼。

於是，這本特別的占星書，從行星意識結構回推個人生命去向，去認識自己、協助自我意識的進化、落定自己的座標。期望我們都在各自的位置上，創造具有未來性的未來。

這本書要感謝的人太多，人能成一點事，都是一路眾人護持而來。謝謝我的父親、母親，他們辛苦拉拔一個滿腦子漂浮在宇宙中的孩子長大。

在家庭、事業兩頭奔忙中，不足的部分都是家人們所擔待，尤其是丈夫和兩個貼心的孩子，謝謝你們來到我身邊，讓我此生能以太太和母親的身分體驗愛。

這些年，我受到太多的滋養。感謝年輕歲月中的好友、師長、曾在星盤上與我交會的朋友、學生們，是你們每一位在生命中的嘗試、努力與成果，一點一滴澆灌了我。

十年相知相守的夥伴們，這十年來，在每一個人生的關卡中，有幸與你們一同悲喜、一同咀嚼生命。以心彼此凝望，我們之間所交織出的大網，給了我最大的守護、引領我走過暗谷。若我有一點點的成果，全部的榮耀都該歸於你們。

謹以此書，獻給一切來自天地的教導。

圓神出版事業機構 Eurasian Publishing Group
用心與你對話・視野無限寬廣
方智出版社 Fine Press
www.booklife.com.tw
reader@mail.eurasian.com.tw

方智好讀 163

# 太陽系行星意識：掌握占星奧祕，完滿人生課題

作　　者／呂芯汝Via
發 行 人／簡志忠
出 版 者／方智出版社股份有限公司
地　　址／臺北市南京東路四段50號6樓之1
電　　話／（02）2579-6600・2579-8800・2570-3939
傳　　真／（02）2579-0338・2577-3220・2570-3636
副 社 長／陳秋月
副總編輯／賴良珠
主　　編／黃淑雲
責任編輯／歐玟秀
校　　對／歐玟秀・胡靜佳
美術編輯／林雅錚
行銷企畫／陳禹伶・蔡謹竹
印務統籌／劉鳳剛・高榮祥
監　　印／高榮祥
排　　版／陳采淇
經 銷 商／叩應股份有限公司
郵撥帳號／18707239
法律顧問／圓神出版事業機構法律顧問　蕭雄淋律師
印　　刷／祥峰印刷廠
2023年10月　初版

定價 350 元　　ISBN 978-986-175-762-9

你必須連續100天，用這本書面對自我。這可能需要點時間，但人生若能因此發生改變、願望實現的話，應該就不算什麼難事了吧？做好心理準備，拿起筆來，改變你的人生吧。

——《寫下來，奇蹟就會發生》



國家圖書館出版品預行編目資料

太陽系行星意識：掌握占星奧祕，完滿人生課題／呂芯汝Via著.
-- 初版. -- 臺北市：方智出版社股份有限公司，2023.10
304 面；14.8×20.8公分. --（方智好讀；163）
ISBN 978-986-175-762-9（平裝）

1. CST：占星術 2. CST：星座

292.22 112013992